진리에 관한 다학제적 성찰

– 폴 리쾨르의 해석학을 중심으로 –

이대성 지음

연세대학교 출판부

진리에 관한 다학제적 성찰
– 폴 리쾨르의 해석학을 중심으로 –

지 은 이 이대성
펴 낸 곳 연세대학교 출판부
주 소 서울시 서대문구 성산로 262
전 화 2123-3380~2
팩 스 2123-8673
E-mail ysup@yonsei.ac.kr
홈페이지 http://www.yonsei.ac.kr/press
등 록 1955년 10월 13일 제9-60호
인 쇄 (주)대일문예사

2009년 6월 15일 1판 1쇄 2012년 4월 20일 1판 2쇄
ISBN 978-89-7141-882-6 (93100)

값 10,000원

머리말

진리의 문제를 심각하게 생각하기 시작한 것은 대학교 시절부터였던 것 같다. 철학을 전공한 필자는 진리의 문제를 직접 혹은 간접적으로 다루는 강의들을 들어오면서 진리가 무엇인지에 대해 나름대로 이해하게 되는 것 같았고, 철학사의 흐름 속에서 진리에 대한 논의가 다양하고 흥미롭게 전개되는 것에 매료되기도 했었다. 정작 진리가 심각한 문제로 여겨진 것은 교회에서였다. 기독교 가정에서 태어나 어려서부터 신앙생활을 해온 필자에게 신앙은 매우 중요한 삶의 한 부분이었다. 그런데 교회에서 듣게 되는 진리에 대한 여러 주장과 학교에서 배운 진리 이론들은 거의 연관이 없었다. 나름대로 고민을 하며 책을 읽었고, 교회 대학부에서 발간되는 뉴스레터에 "신앙과 이성"이라는 제목으로 1년 동안 연재 기사를 싣기도 했다. 주로 아브라함 쉐퍼, 코넬리우스 반틸, 헤르만 바빙크, 도예빌트와 같은 전통에 속하는 기독교 철학자들을 통해서 답을 얻으려고 했던 것 같다. 신학대학원에 진학하고 나서는 다른 분야에 관심을 두느라고 이 문제에 대해 깊은 사고와 독서를 하지 않았다.

후에 미국으로 유학해 박사학위 논문을 쓰던 도중 어느 날 문득 깨달은 것은, 필자가 의식하지 못하고 있었지만, 지금까지 계속해서 대학교 때 고민하고 있었던 문제를 갖고 씨름하고 있었다는 것이었다. 박사학위 논문을 폴 리쾨르에 대해 쓰는 것을 허락받고 그의 사상을 깊이 공부하면서 기독교 신앙이 그의 철학에서 아주 중요한 역할을 한다는 것을 깨닫게 되었다. 리쾨르에게 관심을 갖게 된 동기는 다른데 있었다고 생각했는데, 무의식적으로 신앙의 의의를 철학적으로 잘 해명해 주었기 때문에 그의 사상에 끌렸던 것이 아니었는지 생각해보게 되었다.

리쾨르에게 있어서 철학과 신앙의 관계는 매우 독특하다. 리쾨르의 철학만을 살펴보면 그가 기독교인인지 쉽게 알아차리기가 힘들다. 다른 기독교 철학자들과 같은 기독교에 대한 확신이나 열정, 우월감이 그의 철학에서는 눈에 띠지 않는다. 그에게는 기독교의 진리를 급하게 변호해야 하겠다는 조급함도 보이지 않는다. 그의 철학에서 신앙이라는 요소를 빼내더라도 그의 철학의 체계가 조금도 변형될 것 같지 않아 보인다. 철학자로서의 리쾨르는 완전히 철학의 언어와 논리로 그의 사상을 전개한다. 그렇다면 신앙은 어떤 의미를 갖는가? 리쾨르는 신앙은 일종의 내기이고 모험이라고 생각하는 것 같다. 기독교의 진리는 논리적 필연성을 통해 증명할 수 있는 성질의 것이 아니고, 결단을 통해서 선택해야 하는 것이다. 그 진리를 검증할 수 있는 유일한 길이 있다면 그것은 그 진리를 믿고 사는 사람이 보여주는 풍성한 삶과 생각이다.[1] 필자가 리쾨르에 끌리게 된 것은 이와 같이 여유

1) Mark I. Wallace, "The Summoned Self: Ethics and Hermeneutics in Paul Ricoeur in Dialogue with Emmanuel Levinas," in *Paul Ricoeur and Contemporary Moral Thought*, ed. Schwiker Wall (New York: Routledge, 2002), 81.

있으면서 자신감이 있는 리쾨르의 태도 때문이었는지도 모르겠다.

이것을 보고 리쾨르는 기독교 신앙이 투철하지 못하다고 비판해서는 안 된다. 필자가 생각할 때, 리쾨르의 철학 전체는 그 자신에게는 하나의 신학이다. 철학자로서의 리쾨르에게 그의 철학의 체계가 있고, 신앙인으로서의 리쾨르에게 그와는 별도로 기독교적 세계관이나 가치관이 있었다고 생각하지 않는다. 리쾨르의 철학, 곧 그의 해석학은 인간 활동에서 의미의 생산과 소통, 이해의 과정을 규명한 것으로, 결국 의미 전체, 세계 전체에 대한 그의 입장을 개진한 것이다. 리쾨르의 신앙은 바로 이 익명적인 해석학 체계에 기독교라는 이름을 붙여준 것이라고 생각한다. 그의 철학, 신학, 실천적 삶은 따로 분리되지 않고 통합되어 리쾨르라는 한 인간의 정체성을 형성한다. 리쾨르를 따라 결단을 하여 기독교 신앙으로의 모험을 시도하는 사람은 리쾨르의 해석학과 기독교 신학이 중첩되면서 신앙이 해석학적으로 해명되고, 인간의 모든 해석에 신학적 의미가 있었다는 것을 발견하게 되는 경험을 할 것이다. 필자가 대학 시절에 고민했던 진리의 문제, 신앙과 이성의 문제가 그 때는 전혀 상상할 수 없었던 방식으로, 리쾨르를 통하여, 어느 정도 해결이 된 셈이다. 리쾨르를 통해서 진리는 해석에 속한 문제가 되었고, 리쾨르가 전개하는 해석학을 통하여 우리는 진리가 무엇인지 규명할 수 있을 것이다.

필자는 지난 6년 동안 연세대학교 교목실에서 봉직하면서, 진리의 문제에 항상 관심을 가져왔었다. 특히 교수성서연구를 오랫동안 진행해오면서 여러 분야에 속한 교수님들과 대화할 수 있는 소중한 기회를 갖게 되었다. 온갖 학제가 모여 있는 종합대학에서 “진리가 너희를 자유케 하리라”는 교훈과 각 교수님들의 연구실에서 탐구되는 진리는 어떤 연관이 있을까? 이 질문이 점점 중요한 질문으로 인식되었다.

이 책은 그 질문에 대한 고민의 흔적이자, 개인적으로 오래된 숙제를 풀어나가는 과정이기도 하다. 필자는 리쾨르의 해석학이 학제간의 생산적인 대화 뿐 아니라, 기독교와 다학제 간의 깊이 있는 대화도 가능케 해 주리라고 확신한다. 이 책은 필자가 박사학위 논문에서 다룬 주제 중 일부를 심화시키고 적용한 것임을 밝힌다.

망설이고 있던 필자에게 이 책을 쓰도록 격려해주시고 구체적인 도움을 아끼지 않으신 박정세 교목실장님과, 늘 가까이서 식구보다 더 많은 시간을 같이 보내면서 큰 사랑을 보여주시는 박명철, 한인철, 조재국, 정종훈 교목께 감사드린다. 바쁜 일정 가운데도 책이 출판되도록 최선을 다해주신 연세대학교 출판문화원 김성수 선생님께 감사드린다.

끝으로 항상 기도와 관심으로 후원해주시는 부모님과 장모님, 사랑하는 아내 최문영과 딸 지인에게 감사와 사랑의 마음을 전한다.

2009년 6월

이 대 성

차례

1.
서론: 진리란 무엇인가?

대학교 1학년 학생들에게 "진리란 무엇인가?"라는 질문을 한 후, 생각나는 대로 한 문장으로 답을 하라고 했다.

우리는 진리에 대해 많은 이야기를 하고, 진리가 중요하다고 생각한다. 특히 대학에서 진리라는 단어는 매우 인기 있는 단어이다. 학문의 목적은 진리추구에 있으므로 대학의 모든 활동의 한 복판에는 진리가 자리 잡고 있다 해도 과장이 아니다. 대부분 대학의 교훈에는 진리라는 단어가 꼭 들어간다. 진리는 또한 종교에서도 매우 중요하게 여기는 단어이다. 모든 거짓에서 벗어나 진리를 추구하고, 진리를 깨닫고, 진리에 의해 구원을 받는 것이 대부분 종교에서 강조하는 것이다. 특히 종교적 이념에 의해 세워진 기독교대학에서는 진리가 보통 경우보다 몇 배 더 중요하다고 생각할 수 있겠다. 진리는 이렇게 중요하다. 이렇게 중요한 진리에 대해 미리 답을 정리하지 않은 상태에서 갑자기 진리가 무엇이냐는 질문을 한다면 나는 어떻게 대답할까? 진리에 대한 논의를 시작하는 출발점으로 이런 상황을 설정하여 학생들에게 그 질문을 던진 것이다.

학생들의 진리에 대한 정의는 매우 다양했다. 정의만 다양한 것이 아니고 진리에 대한 태도, 혹은 이 질문 자체에 대한 반응도 매우 다양하게 나왔다. 학생들의 응답 중 반복적으로 나타나는 유형을 발견할 수 있었는데 그것을 분류해 보니 대략 다음과 같이 정리할 수 있었다.

진리는 객관적인 사실이다.

가장 많은 학생들이 진리란 객관적으로 증명된 사실이라는 취지의 응답을 했다. 구체적인 응답은 이런 식으로 나왔다: 진리는 사실이다; 진리는 증명될 수 있는 것이다; 진리는 실제로 일어난 것이다; 진리란 사람들이 기억하는 것이 아니고, 실제로 일어난 그대로이다; 진리는 특정한 시간 동안 실제로 존재하는 것으로 여겨지는 것이다; 진리란 아무리 나쁜 쪽으로 밝혀지더라도 실제로 일어난 그대로이다; 진리란 개인적이거나 집단적인 편견에서 벗어나는 것이다.

진리란 우리의 생각 밖에서 일어난 사실에 근거하고, 그것은 객관적으로 증명될 수 있으며, 그 진리가 종종 우리가 믿고 싶어 하는 것과 상치될 수도 있지만, 진리는 우리의 믿음에 의존하지 않는다는 식의 진리 이해이다.

진리는 내가 믿는 것이다.

비슷하게 많은 수의 학생들이 진리란 내가 믿는 것이라고 응답했다. 구체적인 응답은 다음과 같이 다양하게 나왔다: 진리는 모든 사람이 진리로 믿는 것이다; 진리란 당신이 믿는 것이다; 진리란 믿음이다; 진리란 각 사람이 믿는 것이다; 진리란 무엇이 진리라고 믿는 것이다.

진리란 내가 믿는 것인지, 혹은 모든 사람이 믿는 것인지의 차이는 있겠지만, 진리가 우리의 마음 밖에 있는 객관적인 사실에 근거한다기보다는 우리의 믿음에 근거한다고 생각하는 면에서 첫 번째 유형의 응답과는 대조가 되고 있다. 그러나 진리는 각 개인에게 다르게 이해되는 상대적인 것인지, 아니면 진리는 모든 사람이 갖고 있는 동일한 믿음인지, 그렇다면 그러한 믿음은 어떻게 합의가 되는 것인지 등의 문제에 관해 어떤 입장을 갖느냐에 따라 다양한 방향으로 발전될 수 있는 가능성이 있다.

진리는 종교적인 믿음이다.

여러 학생들이 진리를 종교적으로 이해하고 있었다. 구체적인 응답은 다음과 같았다: 진리는 길이요 진리요 생명이신 예수 그리스도다; 진리는 하나님에 대한 믿음과 관계이다; 진리는 하나님이다; 진리는 신앙이다.

이 학생들은 대부분 기독교인인 것 같았는데, 진리란 종교적 진리를 말하는 것이고, 이 진리는 절대적이며, 그 외의 것은 진리로 여길 수 없다고 생각을 하고 있었다. 그렇지만 이 경우 종교적인 믿음의 내용이 진리인지, 아니면 예수 그리스도나 하나님이 진리인지, 아니면 진리란 아는 게 아니고 믿어야 한다는 주장인지 매우 다양한 해석이 가능하다.

진리는 결과를 가져오는 것이다.

여러 학생들이 자신의 응답에 진리의 효과에 대한 언급을 했다: 진리란 패배하지 않는 것이다; 진리는 가장 강한 것이다; 진리란 전투에서 이기는 것이다; 진리란 목적을 이루게 해주는 원리이다.

앞의 세 응답에 비해 그렇게 많은 학생이 이 유형의 답을 주지는 않았지만, 그래도 많은 학생들이 진리의 결과에 주목하여 진리가 무엇인지 정의를 내리고 있었다.

위에서 분류한 네 가지가 눈에 띄게 드러나는 유형의 응답이었지만, 그 외에도 각양각색의 응답들이 많이 나왔다.

진리는 자유다.
진리란 깨달음이다.
진리란 정의다.
진리란 지금이다.
진리란 내 안에 있는 것이다.
진리란 은폐하는 것이다.
진리란 허구다.
진리란 무엇에 대해 아는 것이다.
진리는 순수한 마음과 엄격한 탐구를 통해서만 알 수 있다.
진리란 세계관에 의존한다.
진리란 우리의 존재의 이유이고 핵심이다.
진리란 영원한 것이다.
진리란 무엇인지 모르겠다.
…

이상 소개한 진리에 대한 다양한 입장은 통계학적인 의미를 가질 정도로 정확한 설문조사에 의존한 결과는 아니다. 그렇지만 우리가 진리에 대한 논의를 시작하는 시점에서, 많은 사람들이 진리에 대해 어떤 생각을 하고 있는지를 알려주는 매우 실제적인 결과라고 생각한다. 우리가 상식적으로 예상을 할 수 있지만, 크게 진리를 객관적으로 이해하는 입장과 주관적으로 이해하는 입장이 가장 두드러졌고, 종교적인 신념, 실용적 고려 등이 중요한 요소로 작용했다. 또한 진리에 대해 회의적이거나 냉소적인 입장을 취하는 응답도 있었고, 진리가 도대체 무엇인지 모르겠다는 응답도 있었다.

위의 다양한 응답을 살펴보면서, 모두에게 하나의 간단한 질문을 했는데 왜 이렇게 응답하는 방식이 다를까라는 생각이 든다. 질문은 "진리란 무엇인가?"라는 것이었지만, 각 응답들은 저마다 다른 질문에 대해 대답하는 것 같다. 주어진 질문을 나름대로 각각 다르게 이해하여 답을 한 것이다. 주어진 응답만을 본다면 원래 질문이 동일한 한 질문이었다는 것을 추측하기 힘들다. 그 응답을 보고 우리가 유추해낼 수 있는 질문은 아래와 같이 다양하다.

진리라는 말의 낱말의 뜻이 무엇인가?
진리의 가장 중요한 본질은 무엇인가?
진리의 중요한 특성은 무엇인가?
진리의 근원은 무엇인가?
진리를 확인할 수 있는 방법은 무엇인가?
진리를 거짓과 어떻게 구별하는가?
진리의 조건은 무엇인가?
진리는 어디에 존재하는가?
진리는 무슨 역할을 하는가?
진리는 왜 필요한가?

진리란 알 수 있는 것인가?

이런 점에서 볼 때 "진리란 무엇인가?"라는 질문은 어쩌면 잘못된 질문이 아닌가 하는 생각을 해 본다. 질문이 너무 모호하여 무엇을 물어보는지 명확하지가 않다. 어쩌면 진리는 그렇게 "진리란 무엇인가?"라고 물어서 답을 얻을 수 있는 것이 아닌지도 모른다. 진리의 문제에 대해 답을 주는 것은 물론 그것에 대해 바른 질문을 하는 것조차 쉽지 않은 것은 진리의 문제가 그만큼 복잡하다는 것을 보여주는 것이 아닐까? 고등학교 논술교재나 대학의 철학교과서에서 진리를 여러 진리론을 통해 소개하고 있지만, 진리는 사실 그렇게 몇 가지의 이론으로만 정리할 수 있는 것은 아니다. 철학이나, 신학이나, 예술의 영역에서 따로따로 궁리하여 그 본질을 밝혀낼 수 있는 것도 아니다. 진리는 다양한 측면을 갖고 있고, 다양한 차원을 갖고 있다. 이런 점에서 볼 때 진리를 논할 때는 필연적으로 다양한 가능성에 대해 열려있어야 하며, 다학제적 접근이 필요하다는 생각을 하게 된다.

이 책에서 필자는 대학이라는 현장에서, 특히 기독교대학이라는 현장에서 진리를 어떻게 이해해야 할지를 살펴보려고 한다. 자연과학, 사회과학, 인문과학 등의 매우 다른 학문적 문화가 한 울타리 안에 공존하고 있고, 기독교적 이념의 실현과 학문의 추구가 공동의 중요한 목표로 설정되어 있는 대학에서 우리는 진리에 대해 다학제적으로 진지하게 대화해 볼 필요가 있다.

필자는 폴 리쾨르의 철학이 이와 같은 진리에 대한 다학제적 대화를 하기 위한 중요한 발판을 마련해 준다고 생각한다. 리쾨르는 진리의 문제를 단순히 철학적인 문제로 파악하지 않고, 다양한 학제에서도 타당성을 갖는 해석학적 문제로 파악한다. 여러 학제에서 끌어온 논의를 통해 그는 자신의 독특한 해석학을 제시한다. 이 책을 통해 밝히겠지만 진리에 대한 문제는 이해에 대한 문제이고, 결국 해석학적인 문제가 된다는 것을 리쾨르는 설득력 있게 주장한다. 리쾨르는 따로 그의 진리론이라고 할 만한 것을 체계적으로 정리한 것은 없다. 초기의 저작을 빼고는 그의 책 제목이나 목차의 제목에서 진리라는 단어를 찾기도 힘들다. 그러나 그의 책 모든 페이지에는 진리의 문제가 다뤄지고 있다는 것이 필자의 생각이다. 리쾨르는 진리에 대해 드러내 놓고 논하지는 않지만, 그의 해석학 전체는 하나의 진리론이라고 말할 수 있다. 리쾨르를 통해 우리는 진리의 다양한 측면과 다학제적 특성을 확인하게 되고, 이것은 대학 안에서 다학제적 대화를 활성화할 수 있는 좋은 기초가 될 것이다.

예수를 심문하던 빌라도는 예수가, “나는 진리를 증언하기 위하여 세상에 왔소. 진리에 속한 사람은, 누구나 내가 하는 말을 듣소.”(요한복음 18:37)라고 말하자 곧바로 “진리가 무엇이오?”하고 물었다고 한다. 성서에는 그가 대답을 들었다는 기록이 없다. 그가 답을 회피했는지, 아니면 답에 흥미가 없었는지 모르겠지만, 지금 우리의 상황은 그 질문을 심각하게 고려해야 할 때다.

2. 진리에 대한 전통적 이해

아주 오랜 옛날부터 철학자들은 진리에 대해 깊은 관심을 가져왔다. 지금까지의 철학의 역사에서 등장한 진리에 관한 이론 중 가장 중요하고 영향력이 큰 이론을 든다면 진리 대응론(the correspondence theory of truth), 진리 정합론(the coherence theory of truth), 실용주의 진리론(the pragmatic theory of truth)이다. 이 세 진리에 관한 이론이 다른 여러 진리 이론들과 어떤 관계가 있으며, 또한 이 세 이론 간에는 어떤 공통점과 특징이 있을까? 그리고 이 세 이론은 각각 그 안에 어떤 다양한 입장들을 포함하고 있으며 대응, 정합, 실용이라는 주제는 과연 이 다양한 입장들을 어떻게 한 범주로 묶고 있는가? 이런 질문들이 앞으로 이 장에서 다루고자 하는 주제이다.

1. 커크헴에 의한 진리론의 분류

철학의 역사에서 지금까지 무수한 진리론들이 제시되어 왔다. 각 이론은 저마다 다른 의도를 갖고, 다른 전제에서 출발하여, 다른 방식의 논의를 전개하여 왔으며, 진리에 대한 정의도 각각 달랐다. 다양한 진리론들을 나열하면 굉장히 긴 목록이 되겠지만, 이것만으로는 진리론의 전체적인 윤곽을 파악하는데 큰 도움이 되지 못할 것이다. 커크헴(Richard L. Kirkham)은 이런 혼란을 극복하기 위해 다양한 진리론들을 크게 세 부류로 나누고 이들을 이 세 부류 아래 배치했다.[1] 그는 각 진리론들이 해결하려고 하는 문제, 혹은 답하려는 질문의 종류에 따라 진리론들을 다음과 같은 세 가지 프로젝트로 구분했다: 형이상학적 프로젝트(Metaphysical Project), 정당화 프로젝트(Justification Project), 화-행(話-行) 프로젝트(Speech-Act Project).[2]

1) 형이상학적 프로젝트

형이상학적 프로젝트는 가장 오래되고 익숙한 것이다. 커크헴에 의하면

1) Richard L. Kirkham, *Theories of Truth: A Critical Introduction* (Cambridge, MA: The MIT Press, 1992). 진리에 관한 소개가 여러 철학사전, 백과사전, 철학교과서 등에 있지만 이들은 대부분 특정한 입장에서 저술되었거나 여러 진리론의 목록을 평면적으로 나열하는데 그친다. 여러 진리론들이 상호 간에 어떤 관계를 갖는지에 대해서는 설명을 하는 경우가 드물다. 커크헴의 책은 대부분의 진리론을 망라하면서 그들을 각 진리론이 갖고 있는 목적에 따라 세가지 프로젝트로 구분하였는데, 이것이 진리론의 전체 논의를 한 눈으로 파악하는데 도움이 된다.

2) 도표 1 참고.

A Categorization of Theories of Truth

Projects and Philosophers	Theoretical school
I. The metaphysical project	
A. The extensional project	
Alfred Tarski	Semantic theory
Saul Kripke	Semantic theory
B. The naturalistic project	
C. The essence project	
C.S. Peirce	Pragmatism
William James	Instrumentalism
Bertrand Russell	Correspondence theory
J.L. Austin	Correspondence theory
Brand Blanshard	Coherence theory
Paul Horwich	Minimal theory
II. The justification project	
F.H.Bradley	Coherence theory
Williams James (again)	Instrumentalism
Brand Blanshard (again)	Coherence theory
(Many others)	Foundationalism
III. The speech-act project	
A. The illocutionary-act project	
P.F. Strawson	Performative theory
Huw Price	Darwinian theory
B. The assertion project	
1. The ascription project	
The ordinary (naîve?) person	
2. The deep-structure project	
F.P. Ramsey	Redundancy theory
Alan White	Appraisal theory
C.J.F. Williams	Redundancy theory
D. Grover et al.	Prosentential theory

도표 1. 진리론 분류표

이 그룹에 속한 진리론들은 진리의 본질(essence) 혹은 진리의 필요 충분 조건을 찾으려고 한다. 이 그룹에 속한 이론들은 또 다시 세 가지로 세분할 수 있을 정도로 다양하지만, 이 프로젝트를 다른 두 프로젝트와 구분할 수 있는 특징은 바로 다음과 같은 동일한 구조와 목적을 갖고 있다는 것이다. 그들은 전부 다음의 공식을 만족시키는 조건을 찾으려 한다.

> 명제 x에 대해서, p이면, 그리고 그런 경우에만 x는 참이다.
> (For a proposition x, x is true if and only if p.)

여기서 p를 무엇으로 대체하느냐에 따라서 다양한 이론들이 나오지만 근본적인 목적은 같다는 것이다. 커크햄은 이 프로젝트 안에 대응론, 정합론, 실용주의론이 다 포함된다고 말한다. 각 진리론들은 똑같은 구조를 취하면서 각각 다른 p를 제시하고 있다는 것이다. 따라서 그 세 이론은 다음과 같은 동일한 형식으로 요약될 수 있다.

(1) 진리대응론: 명제 x에 대해서, x가 사실에 대응하면, 그리고 그런 경우에만 x는 진리이다.
(2) 진리정합론: 명제 x에 대해서, x가 다른 진리와 정합적 관계에 있으면, 그리고 그런 경우에만 x는 진리이다.
(3) 실용주의 진리론: 명제 x에 대해서, x가 실용적 가치가 있으면, 그리고 그런 경우에만 x는 진리이다.

2) 정당화 프로젝트

커크헴의 두 번 째 프로젝트인 정당화 프로젝트는 가장 모호한 것이다. 그는 이 프로젝트는 첫 번째 프로젝트와 밀접한 관계가 있고, 종종 그것과 혼동되기도 한다고 한다. 그러나 이 두 프로젝트는 진리에 대해 질문을 하는 방법에서 차이를 보인다. 그에 의하면, 정당화 프로젝트는 "주어진 명제가 참인지 거짓인지를 결정하기 위해 어떤 증거나 보증이 필요한가?"라는 질문에 대한 답을 하고 있다.[3] 이 이론에 속한 사람들은 다양한 증거와 보증들 속에서 공통적인 특징을 찾아 그것을 통해 모든 명제에 적용할 수 있는 일반적 이론을 만들려고 한다. 이 이론은 연역적인 성격을 띠고 있고 그 주장은 개연성을 갖게 된다. 형이상학적 프로젝트는 필연성을 주장한다는 점에서 정당화 프로젝트와 다르다.

예를 들어서, 도구주의적 진리론을 갖고 있는 사람은 "주어진 명제를 참으로 믿는 것이 유용하면" 그것은 진리로 여길 수 있다고 주장할 것이다.[4] 커크헴은 이 프로젝트에 속한 이론들 안에는 다음과 같은 공통된 요소가 들어 있다고 말한다.

> 진리는 ＿＿＿와 실증적으로 관계되어 있고, 어떤 명제 (문장 혹은 믿음 등)가 그런 특징을 갖고 있는지를 쉽게 판단할 수 있다.

앞에서 예를 든 도구주의적 진리론은 빈칸을 "유용성"으로 채운 것이다.

---

3) Ibid., 24.

4) Ibid., 25.

커크헴은 형이상학적 프로젝트 아래에도 도구주의를 포함시켰는데, 그 도구주의는 다음과 같은 주장을 한다: "명제 x에 대해서, x가 유용하면, 그리고 그런 경우에만 x는 진리이다." 둘 다 도구주의적 동기를 갖고 있지만 형식 면에서는 매우 큰 차이가 있다.

커크헴은 두 프로젝트 사이의 유사성을 잘 알고 있다. "진리는 유용성과 실증적으로 관계되어 있다"라는 정당화 프로젝트에 속한 도구주의 진리론은 사실 형이상학 프로젝트에 속한 도구주의 이론에 포함되어 있다.[5] 따라서 대부분의 정당화 프로젝트 도구주의 진리론은 형이상학 프로젝트 도구주의 이론과 비슷한 주장을 하고 있다.

그렇다면 왜 커크헴은 두 프로젝트를 굳이 구분하려 했을까? 가장 중요한 이유는 "이론(theory)"과 "정당화(justification)"를 구분하려고 했기 때문이다. 커크헴은 윌리암 제임스(William James), 블랜샤드(Brand Blanshard), 더밋(Michael Dummett) 등 많은 학자들이 명제를 어떻게 정당화할 수 있는가에 대해 논하면서도 진리에 관한 이론을 논하는 것으로 착각하고 있다고 말한다.[6] 커크헴은 말하기를 어떤 철학자가 진리에 관계되는 검증할 수 있는 특징에 대해 말하거나, 진리성의 "정도(degree)"에 대해 언급을 한다면 그것은 정당화에 관한 논의라고 한다.

정당화 프로젝트나 형이상학적 프로젝트는 둘 다 진리의 규준(criteria)에 대해 말할 수 있다. 그러나 형이상학적 프로젝트에서는 실제로 어떤 명제가 참인지를 결정할 때 실제로 사용할 수 있는 규준을 제공하지 않는다. 예를 들어, 형이상학적 프로젝트의 대응론은 명제와 사실 간의 일치가 진

5) Ibid., 212.

6) Ibid., 26.

리의 필요충분조건이라고 주장할 수 있다. 그러나 이런 조건은 실제로 주어진 명제가 그런 일치를 이루는지 아닌지를 정하는 데는 도움을 주지 못한다. 그러나 정당화 프로젝트에 속한 이론은 실용적이고 적용 가능한 진리의 규준을 제공하려고 시도한다. 그리고 형이상학적 프로젝트의 이론들은 진리를 정의하려고 하지만, 정당화 프로젝트의 이론들은 진리에 대한 정의를 제공하지 않는다고 한다.[7]

커크헴은 더 나아가서, 정당화 프로젝트의 제안들은 실제로는 엄격한 의미에서 진리에 대한 이론이 아니라고 다음과 같이 말한다.

> 정당화 진리론은 실제로는 진리에 대한 이론이 아니라는 것을 명확히 할 필요가 있다. 그것들을 이론이라고 명명하는 것은 우리를 오도할 가능성이 있다. 이 이론들은 정당화에 관한 것이다. 이들은 어떤 경우에도 "진리(truth)", "진리임(true)", "진리이다(is true)" 등을 분석하지 않는다. 그들은 진리의 필요충분조건을 논하지도 않고, 진리의 정의를 내리지도 않는다. 그들은 우리가 어떤 명제를 믿는 것을 어떻게 정당화할 수 있는지 그 조건(혹은 조건들)을 제시하려고 한다.[8]

3) 화-행 프로젝트(The Speech-Act Project)

세 번째 프로젝트는 화-행 프로젝트이다. 이 이론은 "어떤 명제가 개별적으로 혹은 집단적으로 참일 수 있는 필요충분조건이 무엇인가?"라는 질문

7) Ibid., 25.

8) Ibid., 26.

이나, "어떤 주어진 명제가 참이라고 생각하는 것이 정당한 것은 어떤 경우인가?"라는 질문을 하지 않는다. 이 프로젝트가 묻는 질문은 이것이다: "우리가 '이런 이런 것은 참이다'라고 말할 때 그것은 어떤 언어 관습적 의도를 표현하는 것인가?"[9] 다른 말로 표현하자면, 이 이론은 "문장 s가 참이다"라는 진술을 통해 우리가 의도하는 것이 무엇인지를 질문한다.

커크험은 이 프로젝트 안에는 크게 두 가지 학파가 있다고 한다. 첫 번째 입장은, 주장론 프로젝트(Assertion Project)라고 명명할 수 있겠는데, 이들은 발언 속에 포함된 주장이 무엇인지 밝히는데 관심을 둔다.[10] 이 프로젝트의 목적은 사람들이 참이라는 속성을 무엇인가에(예를 들어 믿음이나 명제 등) 귀속시킬 때 우리가 실제로 무엇을 말하고 있는 것인지를 명료하게 설명하는 것이다.[11] 예를 들어 램지(F.P. Ramsey)는 "진술문 s는 참이다"라는 말을 할 때, "참이다"라는 술어는 새로운 아무 것도 말하지 않는다고 한다. 그는 "날씨가 고약하다"라고 말하는 것이나 "'날씨가 고약하다'는 것은 참이다."라고 말하는 것은 동일한 것이라고 주장한다. "참이다"라는 술어는 그 진술을 긍정하는 것 외에 아무 것도 추가하지 않는다는 것이다.[12]

커크헴은 두 번째 학파로 발화수반행위(Illocutionary-act) 프로젝트의 경우를 제시한다. 이 학파에서는 어떤 사람이 무엇을 참이라고 말할 때 그 사람이 어떤 발화수반적 행위를 하고 있는 지를 밝히려 한다. 발화수반적

9) Ibid., 22.

10) 커크헴은 이 그룹 안에 다음과 같은 다양한 이론들을 포함시킨다: F.P. Ramsey (redundancy theory), Alan White (appraisal theory), C.J.F. Williams (redundancy theory), D. Grover(prosentential theory). Ibid., 37.

11) Ibid., 30.

12) Ibid., 307-350.

행위라는 용어는 오스틴(J.L. Austin)의 책 *How to Do Things with Words*에 소개된 후 널리 사용되고 있다.[13] 오스틴은 사람들이 언어는 서술적인 기능만을 갖는 것이라는 오해를 하고 있다고 지적한다. 예를 들어 "고양이가 양탄자 위에 있다," "비가 온다," "철수가 밥을 먹는다," "영희는 철수의 어머니다,"등과 같은 발화는 객관적인 사실을 기술하거나 보고하는 말들이고 진위를 따질 수 있다. 그러나 "미안합니다," "맹세합니다"와 같은 말은 단순히 사실에 대한 서술을 하는 것이 아니고 그 발화를 통해 어떤 기능이 수행된다. 즉 발화 내용 자체와 동일시 할 수 없는 어떤 행위가 수반되고 있는 것이다.[14] 오스틴은 이런 언어의 다양한 기능을 설명하기 위해 발화행위(locutionary act)[15], 발화수반행위(illocutionary act)[16], 발화효과행위(perlocutionary act)[17]를 구분한다.

커크헴에 의하면, 이와 같은 발화수반행위 프로젝트가 중요한 이유는 이들이 진리 진술(truth-statement)을 발화행위가 아니고 발화수반행위로 간주한다는 것이다. 즉 어떤 사람이 "진술 s는 참이다."라고 말할 때, 그 사람은 진술 s에 대해 어떤 새로운 정보를 주는 것이 아니고, "나는 진술 s에 동의한다"라고 자신의 입장을 밝히고 있다는 것이다. "'날씨가 고약하다'는 것은 참이다."라고 말하는 사람은 사실 "나는 '날씨가 고약하다'는 것에 동

13) J.L. Austin, *How to Do Things with Words,* (Now York: Oxford University Press, 1965).

14) 정대현, 『맞음의 철학: 진리와 의미를 위하여』(서울: 철학과 현실사, 1997), 18.

15) 무엇인가를 서술하는 경우.

16) 발화와 함께 무엇인가를 수행하는 경우. 예를 들어 통보, 동의, 명령, 경고 등.

17) 발화를 함으로 무엇인가를 수행하는 경우. 예를 들어, 확신시킴, 설득함, 놀램, 속임, 결혼 선언, 재판관의 선고.

의한다."라는 말을 하고 있는 셈이다. 이 프로젝트에 속한 학자들은 진리-진술이 말하여질 때 어떤 종류의 발화수반적행위가 수행되는지에 관심을 기울인다고 커크햄은 주장한다.

4) 커크햄의 진리론 분류의 중요성

커크햄은 과연 그 다양한 진리론들을 그가 약속한대로 일목요연하게 분류 하는데 성공했는가?[18] 그에 대해서는 여러 평가들이 있을 수 있겠지만, 그의 작업이 우리의 논의에 중요한 도움이 되는 제안을 하고 있다는 것은 인정해야 하겠다.

우선, 커크햄은 모든 진리에 관한 질문이 같은 종류는 아니라는 것을 밝혀 주었다. 형이상학적 프로젝트가 중요하게 생각하는 질문은 "진리란 무엇인가?"지만, 이 질문은 정당화 프로젝트나 화-행 프로젝트에서는 그리 중요한 질문이 아니다. 커크햄은 진리의 문제는 너무 복잡해서 단순히 "진리란 무엇인가"라는 질문을 직접 던짐으로 답을 얻을 수 있는 것이 아니고, 질문의 동기, 목적, 상황 등 다양한 요소들을 고려해야 한다는 것을 일러준다. 이런 복잡한 요소 때문에 한 진리론을 다른 진리론과 무턱대고 비교할 수 없고, 우선 같은 범주에, 같은 프로젝트에 속하는지를 따져 보고 나서야 비교가 가능한 것이다. 그렇지 않을 경우, 사과와 오렌지를 비교하는 것처럼 비교 자체가 쉽지 않고, 또 큰 의미를 가질 수 없다.

두 번째로 커크햄이 우리의 논의에 도움을 준 것은, 전통적으로 가장 중

18) Kirkham, Ibid., 39.

요하게 여겨온 세 가지 진리론들 즉, 진리 대응론, 진리 정합론, 실용주의 진리론이 차지하고 있는 특별한 위치를 확인시켜 주었다는 점이다. 우리가 살펴본 것처럼, 이 세 이론들은 형이상학적 프로젝트에서 중요한 위치를 차지하고 있으며, 답은 다르지만 동일한 질문을 적용할 수 있는 내적 공통성을 갖고 있다. 즉, "진리란 무엇인가"라는 질문은 형이상학적 프로젝트에서만 의미 있는 질문이고, 위의 세 진리이론은 비슷한 형식을 취하면서 매우 다른 답을 주고 있는 것이다. 따라서 이 세 이론을 서로 비교하는 것은 사과와 사과를 비교하는 것처럼 비교가 가능하고 또 의미 있는 비교일 수 있다.

커크헴의 분류는 물론 완전한 것은 아니다. 그가 고려하지 않은 많은 다른 진리론들도 있다. 예를 들어 하이데거, 가다머, 니체 등과 같이 20세기의 진리에 대한 논의에 중요한 영향을 끼쳤던 사람들을 커크헴은 다루지 않았다. 그는 또한 진리 문제가 갖고 있는 해석학적 차원에 대해서는 언급하지 않고 있다. 그렇지만 우리는 커크헴의 도움으로 진리 대응론, 진리 정합론, 실용주의 진리론을 더 자세하게 살펴보고, 그들을 서로 비교할 수 있는 근거를 얻게 된 것이다.

2. 중요한 세 가지 진리론

여러 가지 진리에 관한 이론 중에서 진리 대응론, 진리 정합론, 실용주의 진리론이 차지하는 비중은 매우 중요하다. 이 세 가지 이론 각각의 특징은 무엇이고, 또 공통점은 무엇인지 분석해봄으로써 진리론의 중요한 모티프를 살펴보려 한다.

1) 진리 대응론(The Correspondence Theory of Truth)

위의 세 가지 진리론 중에서 대응론이 가장 오래되고 또 가장 널리 받아들여지고 있다.[19] 그 이유는 이솝의 "거짓말쟁이 목동과 늑대의 이야기"에서 보여지듯이, 이 이론은 우리의 일상적인 상식과 일치하기 때문이다. "늑대가 나타났다!"는 목동의 발언이 마을 사람들이 관찰한 것과 일치하지 않을 때, 그들은 이 목동이 진리를 말하고 있지 않다고 판단한다.[20] 이 이론에 의하면 진리란 진리의 담지자(bearers of truth), 예를 들어 발언, 명제, 문장, 믿음과 그것이 묘사하는 언어 외적 실재(extralinguistic entities), 즉 관찰된 사실 간의 대응관계이다. 이 이론은 파르메니데스(Parmenides)와 플라톤(Plato)에 의해서 일찍이 제기되었었고, 아리스토텔레스(Aristotle)에 의해 체계적인 진리론으로 확립되었다. 그에 의하면 "존재하는 것을, 존재하지 않는다고 하거나, 존재하지 않는 것을 존재한다고 말하는 것은 거짓이요; 존재하는 것을 존재한다고 하고, 존재하지 않는 것을 존재하지 않는다고 말하는 것은 진리이다."[21]

---

19) "많은 진리론이 있지만 전통적인 진리론에 이의를 제기하고 싶은 사람은 우선 진리 대응론을 공격해야 한다. 대응론은 모든 진리론의 기준이고 전제이다. 다른 모든 진리론은 대응론과 어떤 성격의 관계를 맺느냐에 따라 규정된다 할 수 있다." Searle, John R. "Rationality and Realism, What Is at Stake?" *Daedalus* 122, no. 4 (1993): 55-84, 64.

20) Aesop, *Aesop's Fables* (London: Wordsworth Editions, 1994), 52.

21) 정확한 뜻을 파악하기 위해서 영어번역을 비교할 필요가 있다. "To say of what is that it is not, or of what is not that it is, is false; while to say of what is that it is or of what is not that it is not, is true." Aristotle, *Metaphysics, in The Basic Works of Aristotle*, ed. R.McKeon (New York: Random House,

이 이론은 단순해보이지만 사실은 세 가지의 독립된 주장에 의존해 있다: (1) 진리의 담지자는 명제(문장, 발언, 믿음 등)이다, (2) 정신에서 독립해 있는 객관적인 세계가 존재한다, (3) 진리의 본질은 명제와 정신 밖 세계에 있는 객관적 실재 간의 대응 관계이다.[22)]

과연 이 세 가지 주장은 논란의 여지가 없는 것인가? 첫 번째 주장은 진리를 명제에 담을 수 있는 내용으로 하자라는 일종의 약속으로 볼 수 있으므로 우선 받아들일 수 있다. 그러나 두 번째와 세 번째 주장에 대해서는 그 동안 많은 비판이 있어왔다. 정신에서 독립해 있는 객관적 실재가 존재한다는 주장은 매우 단순한 실재론, 즉 언어 외적인 사실이(extralinguistic facts) 인간에게 직접적으로 주어진다는 신념에 근거한다. 그러나 20세기 후반의 사조에서 "언어적 전환"(linguistic turn)이 이루어진 이후 이런 단순한 신념은 받아들이기 힘들어졌다.[23)] 언어적 전환에 가담한 대부분의 학

1941), 1011b.

22) Laszlo Versenyi, *Heidegger, Being, and Truth* (New Haven and London: Yale University Press, 1965) 33. Nicholson Graeme도 동일한 비판을 하고 있다: "이와 같은 진리론은 두 가지 큰 특징을 갖고 있다: (a) '진리'는 한 판단이나 진술에 속한 속성이지 그 판단이나 진술이 관여하는 사물에 속한 속성이 아니다; (b) 그렇지만, 진리라는 속성은 한 판단이나 진술의 내재적 속성은 아니고, 세계에서 일어나는 어떤 사태에 의해서 발생하는 특별한 속성이다." Graeme Nocholson, *Illustrations of Being - Drawing Upon Heidegger and Upon Metaphysics* (New Jersey: Humanities Press, 1992) 69. 위의 저자들은 진리 대응론은 두 부분으로 구성되어 있다고 주장한다. 그러나 필자는 두 번째 주장을 더 풀어서 본문에서 보는 것처럼 세 가지로 나눠 분석하려고 한다.

23) "언어적 전환"(linguistic turn)이라고 불리는 일련의 철학적 운동은 다양한 학제에서 일어난 복잡한 현상이다. 논리 실증주의, 일상언어철학, Speech-Act이론, 기호학, 구조주의, 해석학, 후기구조주의, 해체주의 등의 여러 사조에서 다양한

자들은, 의미 있는 인간의 경험은 언어적 중재와 해석의 영향을 받는다고 말한다. 진리의 담지자와 사실 사이의 단순하고 기계적인 일대일 대응관계를 주장하는 것은 더 이상 타당성이 없다는 것이다. 모든 인간의 경험은 언어를 매개로 해서 성립되기 때문에, 언어외적인 실재라는 개념 자체가 성립할 수 없다는 것이다. 우리가 언어적 전환을 수용할 때, 진리 대응론은 언어와 언어 외적 세계라는 두 가지의 실재가 있다는 잘못된 이분법에 근거하여 언어의 영역과 사실의 영역 간에 평행관계가 존재한다고 주장하므로 타당한 진리론으로 받아들이기 힘들다.

그러나, 설령, 언어와 사실이라는 두 영역이 존재한다고 가정을 하더라도 이 이론은 또 다른 문제에 봉착한다. 주어, 술어, 명사, 동사 등으로 구성된 명제의 구조와 언어 외적 사실들의 구조는 근본적으로 다르다. 이 둘 사이에 대응관계가 존재한다고 할 때 그것이 어떤 관계인지 설명하기 힘들다. 따라서 위의 세 주장 중 세 번째 주장이 진리 대응론의 가장 큰 약점이라고 볼 수 있다.

커크햄은 이 문제를 설명하는 두 가지 시도가 있다고 제시한다.[24] 우선 대응 관계를 완전일치(congruence)로 보는 입장이다. 이 입장에 의하면

모습으로 표현되지만 가장 중요한 공통점은 언어를 매우 중요하게 여긴다는 점이다. "언어적 전환"이라는 용어는 1964년 Gustav Bergmann에 의해서 처음 사용된 후, Richard Rorty가 편집한 *The Linguistic Turn* (Chicago: University of Chicago Press, 1967)이 출판된 후 매우 널리 사용되고 있다. 참고: Anthony C. Thiselton, *New Horizons in Hermeneutics* (Grand Raids, Michigan: Zondervan Publishing House, 1992), 394; James Foder, *Christian Hermeneutics: Paul Ricoeur and the Refiguring of Theology* (Oxford: Clarendon Press; New York: Oxford University Press, 1995), 2, 171.)

24) Ibid., 119.

진리 담지자와 사실 사이에는 구조적 동일성(isomorphism)이 존재한다. 물론 진리 담지자의 구조와 언어 외적 사실의 구조가 동일 한 것은 아니지만, 이 둘 사이에는 구조상 매우 밀접한 관련이 있다는 것이다. 명제나 믿음과 같은 진리 담지자의 구조는 정신 밖의 세계의 구조를 거울처럼 반영하고 있다고 한다. 혹은, 지도가 지도 밖의 실제 지리적 사실들을 충실하게 약속된 기호를 통해 반영하는 것처럼 언어는 사실들을 반영하는 것이므로 언어적 진술도 언어 외적 사실과 같은 구조를 갖고 있다는 주장이다. 이 입장에 따르면, 양자간의 대응관계가 모호하고 복잡해보이지만 자세한 분석을 통해서 충분히 설명될 수 있다. 이 입장을 따른다면 진리는 객관적으로 검증할 수 있는 특징을 띠게 된다.

두 번째 입장은 대응 관계를 "상관관계"(correlation)로 본다.[25] 이 입장에서는 구조적 동일성이라든가 완전일치가 중요한 요소가 아니다. 그보다는 진리 담지자의 내용 전체와 언어 외적 사실 전체 사이에 어떤 상관관계가 있다는 것이다. 이 입장에 따르면 이 둘 사이의 상관관계는 본래적인 것이 아니고, 언어적 관습의 결과 만들어진 것이다. 이 입장에서 말하는 대응관계는 첫 번째 입장에서 말하는 것처럼 엄밀한 관계라기보다는 훨씬 일반적이고 모호하다.

진리 대응론이라는 같은 이름 아래 이와 같이 매우 상반되는 입장이 포함되어 있다는 것은 매우 흥미로운 일이다. 이 두 입장은 각각 고유한 문제점들을 포함하고 있다. 우선 대응 관계를 완전일치로 보는 첫 번째 입장에서 진리는 맞음(correctness)과 같은 의미를 갖게 된다. 만일 진리 담지자

25) Ibid.

와 사실 사이에 정확한 일대일 관계가 존재한다면, 오직 한 가지 맞는 관계만이 존재할 뿐이고 그 외의 모든 다른 관계는 틀린 관계가 된다. 이런 입장에서는 "맞다," "틀리다"의 이분법이 강요된다.[26] 반면, 대응 관계를 상관관계로 보는 입장에서는 그 관계가 너무 모호하고 일반적이어서 양자 사이에 어떤 형태의 관계만 있으면 된다는 식으로 이해될 수도 있다.

지금까지 살펴본 것처럼, 진리 대응론에서 가장 중요한 모티프는 대응관계이다. 그러나 이 대응이라는 개념이 아킬레스건처럼 이 이론의 가장 큰 문제점이다. 진리 담지자와 사실 사이에 어떤 관계가 있어야 한다는 것은 이해할 수 있으나, 그 관계가 어떤 것인지 더 깊이 들어가다 보면 자가당착에 빠지게 된다. 그 대응관계를 엄정하게 규명하려다 보면, 맞음-틀림의 이분법의 위험에 빠지게 된다. 이 입장을 따를 경우 사실과 구조적인 유사성을 띠지 않은 진리 주장들은 아예 참인지 거짓인지 판단을 받을 자격도 갖지 못한 채 무의미한 주장으로 배제된다. 두 번째 입장처럼 대응관계를 너무 폭넓게 정의할 경우, 그것은 진리에 관한 이론으로써 역할을 할 수 없다. 이 경우 진리는 단지 "관계"라는 말과 같은 뜻으로 쓰이기 때문이다.

2) 진리 정합론(The Coherence Theory of Truth)

진리 정합론에 의하면, 한 명제는 그 명제가 속해 있는 체계 안의 모든

26) 이와 같은 진리론에서는 진리 담지자의 지시 대상물이 진리 판단의 규준이 된다. 즉 진리는 대상의 세계에 속해 있는 것이고, 어떤 명제가 그 진리를 얼마나 잘 반영하느냐에 따라 진리인지의 여부가 결정된다. 그리고 또한 한 사실에 대해서 완전하게 일치하는 명제는 한가지 밖에 있을 수 없으므로 매우 배타적인 진리관이 된다. Graeme Nicholson, *Illustratins of Being*, 72.

참 명제와 충돌하지 않고 정합할 때 진리가 된다. 진리 정합론은 명제에만 관심을 집중함으로써 진리 대응론이 갖고 있는 문제들을 회피할 수 있다. 이 이론을 주창한 사람으로는 스피노자(Spinoza), 헤겔(Hegel), 요하킴(Joachim), 브랜드 블랜샤드(Brand Blanshard)를 들 수 있다. 블랜샤드에 의하면, "진리 대응론에서 사실로 여기거나 사실로 사용되는 것은 실제로는 다른 판단, 혹은 다른 판단의 집합이다. 그리고 진리 여부를 검증해 주는 것은 원래의 판단과 다른 모든 판단 간의 정합성이다."[27] 진리 정합론에서는 정합성이 같은 종류의 실체 간의 관계이고, 또 이 이론은 소박한 실재론을 전제하지 않는다는 점에서 진리 대응론이 갖고 있던 난제들은 문제가 되지 않는다. 그러나 이 이론에 대해서도 여러 반론이 있어왔는데, 그 중 중요한 두 가지 반론은 다음과 같다. 이 두 반론을 자세히 살펴봄으로 "정합"이 어떤 의미로 사용되는지 더욱 명확해진다.

가장 일반적인 반론은 이 진리론이 너무 약하다는 것이다. 예를 들어서, 아주 잘 만들어진 허구 소설이나 역사서술은 내부적인 모순이 발견되지 않는 한 진리로 여겨진다. J.R.R. 톨킨(Tolkien)의 『반지의 제왕』과 같은 소설은 중간계의 역사를 서술하고 있는데, 그 중간계는 허구의 세계이지만, 일단 그 소설의 세계 속으로 들어가면 모든 것이 사실적으로 묘사된다. 그 세

27) "What the correspondence theory takes as fact and actually uses as such is another judgment or set of judgments, and what provides the verification is the coherence between the initial judgment and these." Brand Blanshard, *The Nature of Thought* (New York: MacMillan, 1940), Vol 2, 228, 다음 책에서 재인용: James DiCenso, *Hermeneutics and the Disclosure of Truth: A Study in the Work of Heidegger, Gadamer, and Ricoeur* (Charlottesville: University Press of Virginia, 1990), 14.

계 안에서는 역사적으로 지리적으로 모든 것이 모순되지 않게 묘사되고 있으며 그 세계 안의 사물의 기원을 설명하는 창조 신화도 있고, 또한 그 세계 안에서 사용되는 언어도 있다. 톨킨과 같이 천재적인 작가가 문학적 상상력과 세부적인 관심을 통해 그럴듯한 세계를 창조한다면, 그 안에 내부적인 모순이 없을 때 그 상상의 세계에서 일어나는 모든 사건들이 진리가 될 수 있다. 또한 이 이론에 의하면 하나의 동일한 사실에 대해 설명을 하는 두 개 이상의 체계가 존재할 수도 있다. 예를 들어 유클리드나 리만의 기하학, 그리고 서양의학과 동양의학 등은 동일한 사실에 대해 설명하는 다른 체계를 갖고 있으며, 각각의 체계 안에서는 내적 모순을 갖지 않는다고 주장한다.[28] 이 이론으로는 동일한 실재에 대해서 두 가지 다른 진리가 나왔을 때 이 문제를 어떻게 해결해야 하는지 알 수 없다. 이 이론으로는 연금술이나 미신적인 의술이 진리에 근거해 있는지 아닌지를 판단할 수 없다. 그 이유는 이 진리론은 명제 밖의 외부 세계와의 모든 연관을 단절했기 때문이다.

이러한 한계 때문에, 어떤 진리 정합론 이론가들은 이 이론을 조금 변형시켜서 외부 세계와 일정한 연관을 유지하도록 한다. 그들은 말하기를, 만일 우리가 한 판단의 정합적 관계의 사슬을 계속 따라가다 보면, 우리는 결국 모든 정합적 관계의 총체(the totality of coherent relations)에 도달하게 된다. 바로 이 정합적 관계가 가장 순수한 진리이다. 이 순수한 진리 체계는 사실적이며 가능한 모든 것들이 정합적으로 포함된 체계이다. 따라서

28) *Routledge Encyclopedia of Philosophy on CD-ROM,* 1998 [CD-ROM] Version 1.0, London: Routledge. S.v. "Truth, Coherence Theory of."

이 체계는 세계에 관한 완전한 그림을 우리에게 보여준다.[29)]

그렇다면 그 순수한 진리 체계(purely true system)은 구체적으로 무엇인가? 스피노자는 그것이 "신"(God)이라고 하고, 헤겔은 "절대적 앎"(Absolute Knowing) 혹은 "정신"(Spirit)이라고 한다.[30)] 이와 같은 진리 정합론에서는 여러 다른 차원의 진리 간에 위계 구조가 생기고, 모든 진리를 포함하며 동시에 모든 진리를 다스리는 것은 가장 완벽하고 순수한 총체적 진리이다.

진리 정합론에 대한 두 번째 반론은 이렇게 변형된 이론과 관련되어 있다. 이런 정합관계가 강조될 때, 개별성과 다양성은 무시된다. 진리는 필연적으로 일률적이고(uniform) 보편적(universal)인 성격을 띠게 된다. 이 진리 이론에는 창조적이고, 생산적이고, 미래지향적인 진리의 차원이 설 자리가 없다.[31)]

---

29) Ibid.

30) 스피노자는 신을 다음과 같이 정의한다: "영원하고 무한한 본질을 각각 표현하는 속성의 무한한 집합으로 구성된 실체"(a substance consisting of an infinity of attributes, of which each one expresses an eternal and infinite essence) DiCenso, *Hermeneutics and the Disclosure of Truth*, 17-18; 헤겔에 의하면 모든 유한한 진리는 자신을 정신으로 이해하는 절대적 앎, 혹은 정신을 향해 진행되는 목적론적 통합의 과정에 귀속된다. (All finite truths are incorporated into "a unifying teleological process that has as its goal Absolute Knowing or Spirit that knows itself as Spirit.") Ibid., 20.

31) DiCenso, *Hermeneutics and the Disclosure of Truth*, 25-26.

3) 실용주의 진리론(Pragmatic Theory of Truth)

실용주의 진리론은 한 명제가 진리가 되는 조건은 사실과의 대응이나 다른 참 명제들과의 정합이 아니고 유용성(usefulness)이라고 주장한다. 이 이론은 한 판단의 진리와 거짓을 그 판단이 우리의 실제 생활에서 발생시키는 구체적인 차이에 따라 결정한다. 진리는 유용한 것이고, 좋은 것이고, 동의할만한 것이고, 효과적인 것이고, 즐거운 것이고, 작동하는 것이고, 실용적인 것이다.[32)]

윌리암 제임스(William James)는 진리 대응론과 마찬가지로 진리는 진술과 실재의 일치라고 생각을 한다. 그러나 그가 이해하는 "실재"(reality)와 "일치(agreement)"는 대응론의 그것과는 의미가 다르다. 그는 실재를 "우리의 지적 창작물의 축적(the accumulation of our own intellectual inventions)"이라고 정의한다. 이 축적은 시간과 공간, 인과론, 물질과 정신의 구분, 불변하는 것과 변하는 것의 구분과 같은 범주를 포함한다고 한

---

32) Fordor, *Christian Hermeneutics*, 67; 커크햄은 실용주의 진리론에는 매우 상이한 두 입장이 포함되어 있다고 한다. 하나는 C. S. 퍼스(Peirce)의 합의이론(consensus theory)이고 다른 하나는 제임스(William James)와 듀이 (John Dewey)의 도구주의이론 (instrumentalist theory)이다. 퍼스의 의하면 "진리 명제는 그에 대해 판단할 수 있는 타당한 경험을 충분히 가진 모든 사람들이 만장일치로 동의 할 수 있는 명제다" (a true proposition is one which would be endorsed unanimously by all persons who had had sufficient relevant experiences to judge it.), Kirkham, *Theories of Truth*, 79-87. 이 책에서는 실용주의 진리론을 더 자세하게 세분하여 분석하지 않고, 다양한 입장에 공통적으로 적용되는 특징에 초점을 맞추어 논의를 전개하려고 한다.

다.[33] 이런 인간의 지적 구상은 칸트의 범주처럼 인간의 정신에 선험적으로 주어진 것이 아니고, 우리의 선조들에 의해서 만들어진 다음 오랜 세월에 걸쳐, 사회를 인식하고 구축하는 방법으로 후 세대로 전해내려 온 것이다. 왜 그들은 세계를 그와 같이 특별한 구조를 통해 파악하려 했을까? 제임스는 말하기를 그렇게 구조화 하는 것이 유용했기 때문이라고 한다.

"일치"라는 단어도 제임스는 특별한 의미로 사용한다. 그는 어떤 믿음이 그것을 믿는 사람에게 유용할 때, 믿음과 실재가 일치하는 것이라 한다. 구체적으로, 제임스는 믿음이 다음과 같은 경우에 유용한 것이라고 한다: (1) 그것이 우리가 세계의 대상들을 잘 조정할 수 있게 할 때, (2) 그것이 우리가 다른 사람들과 의사소통을 성공적으로 할 수 있게 할 때, (3) 그것이 여러 다른 상황에 대한 좋은 설명을 해줄 때, (4) 그것이 정확한 예측을 할 수 있게 할 때.[34]

앞의 두 이론에 비교해 볼 때 실용주의 진리론이 갖고 있는 장점은 그것이 진리 체험의 동적인 면을 잘 설명한다는 것이다. 실용주의 진리론에 의하면, 진리는 사건(event)이다. 진리는 생겨난다(Truth happens). 우리가 진리를 획득하기 위해서는 능동적으로 진리를 추구해야 한다.

> 참인 관념이나 믿음을 주어라. 그것이 참인 것이 우리의 실제 삶에서 어떤 구체적인 차이를 만들어내는가? 진리가 어떻게 실현 될 것인가? 그 믿음이 거짓일 경우와 비교해서 어떤 차이가 그것이 참임으로 경험되는가? 간단하게

---

33) "Truth, Pragmatic Theory of," *Routledge Encyclopedia of Philosophy*.

34) Ibid.

> 말해서, 경험이라는 측면에서 그것의 현금가(cash-value)가 무엇인가?[35]

실용주의 진리론의 또 다른 중요한 주창자는 존 듀이(John Dewey)다. 그는 중요한 것은 추상적인 진리가 아니고 변화된 환경이라고 한다. 그에게 "앎(knowing)"이란 "함(doing)"이다. 그에 의하면 서구 철학자들은 지금껏 지식은 세계에 있는 사실을 수동적으로 기록하는 것이라는 입장을 지켜왔다. 이런 "방관자적 지식이론(spectator theory of knowledge)"에서는 선행하는 사실에 대한 대응적 믿음이 참 지식이 된다. 그러나 그에 의하면 지식이란 우리가 미래에 환경과 상호작용하는 경험을 하게 될 때 잘 적응할 수 있도록 예측하고 인도하는 관념적 활동이며, 이 활동은 구성적이고(constructive) 목적 지향적(purposive)이다. 진리는, 혹은 듀이가 선호하는 표현을 하자면, "성공적인 인식(successful cognition)"은 문제가 있는 상황에서 문제를 해결하여 경험을 재구성하는 매우 동적인 활동이다.[36]

실용주의 이론의 역동적인 진리 개념과 인간의 능동적 참여의 강조는 다른 두 진리론에서는 찾아볼 수 없는 요소이다. 그러나 이 진리론에도 몇 가지 중요한 단점이 있다. 첫째로, 이 진리론이 전제하고 있는 실재에 대한 이해에 문제가 있다. 앞에서 보았듯이 실용주의 이론은 실재를 "우리의 지적 창작물의 축적"이라고 규정한다. 실용주의 이론은 모든 사람이 이와 같은 실재론을 받아들이지 않는 한 동의할 만한 진리론으로 여겨질 수 없다.

---

35) William James, *Pragmatism: A New Name for Some Old Ways of Thinking* (New York: Longman Green and Co., 1907), 77.

36) 존 듀이는 문제해결을 위한 진리의 유용성을 강조한다. C.F. Delaney, "Dewey, John," in *The Cambridge Dictionary of Philosophy*, 1st ed.

둘째로, 진리는 항상 유용하다는 가정에도 문제가 있다. 물론 진리가 거짓보다는 더 유용할 것이다. 그러나 유용성은 꼭 진리라는 속성에서 나오는 것은 아닐 수도 있다. 이 이론에 의하면 원하는 결과를 가져오는 판단이나 믿음은 진리이다. 그러나 여러 문화와 집단은 각각 유용성에 대해 다른 이해를 하고 있을 수도 있다.

3. 니체의 진리론

진리의 문제를 다룰 때 우리가 고려해야 할 또 하나의 중요한 입장이 있다. 이 입장은 전통적인 진리론과는 다른 성격을 띠고 있는데, 왜냐하면 진리 이론과 진리 개념 자체를 거부하기 때문이다. 이 입장은 여러 진리 이론과 같은 범주에서 논의하기에 적당하지 않기 때문에 따로 이곳에서 다룰 필요가 있다.[37] 니체(Friedrich Wilhelm Nietzsche)는 진리의 가치에 대해 아주 근본적인 질문을 제기한다: "우리는 진리를 원한다고 한다– 왜 비진리, 불확실성, 무지를 원하지 않고?"[38] 그는 허무주의적 관점에서 진리에

37) 진리 이론과 진리 개념을 거부하는 입장은 다음과 같이 다양하다: 불가지론(agnosticism), 유아론(solipsism), 회의론(skepticism), 허무주의(nihilism), 해체주의(deconstructionism). 이 책에서는 니체의(Friedrich Wilhelm Nietzsche)의 입장만을 대표적으로 소개하려고 한다. 니체의 진리론이 그의 생애를 통해 어떻게 발전되었는지는 다음의 책에 잘 설명되어 있다. Maudemarie Clark, *Nietzsche on Truth and Philosophy* (Cambridge: Cambridge University Press, 1990).

38) Nietzsche, *Will to Power*, Book3, Section 598. Internet on-line. Available from http://www.edmaupin.com/Somatic/nietzsche_wtp_iii.htm.

관한 질문을 이상하고, 사악하고, 의심스러운 것으로 여긴다. 진리는 허구적이고, 망상적이고, 추하고, 폭군적이고, 기만적이라고 표현한다. 그에 의하면 진리는 없다. 진리의 망상을 파괴함으로써도 진리를 얻을 수 없다. 그것은 또 하나의 무지를 만들어낼 뿐이다.[39] 진리라는 것이 아예 없다는 믿음이 철학자들에게는 가장 유쾌하고 신성한 발견이다.[40] 그의 다음 문장은 진리를 거부하는 그의 입장을 아주 잘 표현한다.

> "진리": 이것은 내가 생각하는 바로는 오류의 반대말이 아니다. 모든 경우에 있어서, 모든 관계에서 드러나는 오류의 총합이다.[41]

진리를 부인하는 니체의 입장은 그의 허무주의적 세계관에 근거한다. 그는 세계를 비합리적, 비조직적, 비지성적, 불안정적이며 무의미한 것으로 본다. 어떤 사람이 진리에 대해 말할 때, 그 사람은 정형화 할 수 없는 실재의 흐름에 억지로 질서와 형식을 부여하여 체계화하고 있는 것이다.[42] 실재는 정지된 존재(being)가 아니고 생성(becoming)이다. 생생한 생성의 흐름에 일정한 형식을 부여한 것은 인간이기 때문에, 진리는 불가해한 생성의 세계에 만족할 수 없는 철학자들이 만들어낸 고안일 뿐이다. 대부분의 사람들에 의해 받아들여지는 진리는 다른 진리보다 더 유용한 허구일 뿐이다.[43]

---

39) Ibid., Book3, Section 603.

40) Ibid., Book3, Section 598; Ibid., Book1, Section 15.

41) Ibid., Book3, Section 535.

42) Frederick Copleston, S.J., *A History of Philosophy,* vol. VII, *Fichte to Nietzsche* (London: Burns and Oates Limited, 1965), 409-410.

43) 니체에 의하면 그런 보편적 진리는 그 유용성을 높게 평가받아서 의문의 여지가

4. 진리 개념의 아포리아 (The Aporia of the Notion of Truth)

지금까지 우리는 서구의 사상사에 나타난 중요한 진리론들을 살펴보면서 중요한 세 가지 모티프(motif)를 확인할 수 있었다.[44] 대응, 정합, 실용주의적 가치라는 이 세 모티프는 각각 대응적 진리론, 정합적 진리론, 실용주의 진리론의 핵심을 이루는 요소이다. 그러나 각각의 모티프는 "진리가 무엇이냐"라는 질문에 대해 우리에게 만족할만한 답을 주지 못하고 있다. 그 이유는 무엇보다도 우리가 일상생활 속에서 이 세 가지 모두가 진리의 필수적인 속성에 속하는 것 같지만 왠지 셋 중에 어느 한 이론만이 맞는다고 하기도 힘들기 때문이다. 진리 개념이 갖고 있는 아포리아는 여기에 있는 것이다.[45]

진리 개념의 아포리아적 성격을 조금 자세히 살펴보자. 첫째로, 진리 개

없는 진리의 자리를 차지하게 된 것이라고 한다. 그의 이런 입장은 실용주의 진리론과 유사한 점이 많다.

44) 여기서 모티프라는 표현을 쓰는 것은 진리 대응론, 진리 정합론, 실용주의 진리론을 충분한 자격을 갖춘 진리 이론으로 간주할 수는 없지만, 각 이론이 중요한 것으로 제시하는 요소가 있기 때문이다. 이 요소들을 모티프라고 명하고 싶은데, 왜냐하면 이 모티프는 어떤 이론을 형성할 수 있는 엄밀한 핵심 개념은 아니지만 이 모티프를 중심으로 거론되는 입장들은 서로 밀접한 연관성이 있기 때문이다.

45) 아포리아 (aporia)는 곤경 혹은 난제로 번역할 수 있겠는데, 리쾨르가 그의 책『시간과 이야기』에서 시간의 아포리아라는 표현을 쓴 것을 의식하여 사용한 것이다. (리쾨르의 경우 우주적 시간과 심리학적 시간이 그것이다. 시간의 우주적 측면이나 심리학적 측면을 각각 살펴보면 시간이 무엇인지 알 수 있는 것 같은데, 문제는 어떻게 상반되는 설명이 공존할 수 있느냐이다.) 아포리아는 어떤 사태의 한 면만을 살펴보면 문제가 없는데 양 면을 동시에 고려할 때는 곤경에 처하게 되는 경우에 주로 사용되는 용어다. 필자는 리쾨르는 시간의 아포리아를 해결하는 과정을 통해 진리의 아포리아도 해결하고 있다고 생각한다.

념의 아포리아적 성격은 각 이론 안에서 찾아볼 수 있다. 특히 진리 대응론과 진리 정합론 안에서 우리는 서로 대조되는 두 경향이 공존하는 것을 확인할 수 있다. 대응론의 경우 대응이라는 용어를 매우 엄격하게(완전일치로) 적용하려는 경향과 매우 느슨하게(상관관계로) 적용하려는 경향이 공존한다. 전자는 적용할 수 있는 외연을 좁혀서라도 엄정성을 지키려고 하고 있고, 후자는 이론의 엄정성을 타협해서라도 적용의 범위를 확장시키려는 동기를 갖고 있다. 정합론의 경우도 서로 대립되는 두 경향이 공존한다. 더 완벽한 정합을 위해서 외부 세계를 제외시키는 경향이 있는가 하면, "완전하고 참인 체계"라는 개념을 통해 헤겔처럼 외부 세계까지 정합의 체계에 포함시키려는 경향도 있다. 실용주의 진리론에서는 그런 난제는 없지만, 진리를 추구하는 인간의 능동적 역할을 편향적으로 강조함으로써 관점주의(perspectivism)라는 비난을 받을 수도 있다.

두 번째 아포리아적 문제는 우리가 위의 세 포티프를 전체적으로 고려할 때 생긴다. 각각의 모티프는 진리의 중요한 속성임에 틀림없다. 그러나 이 세 모티프를 한 이론 안에 통합하려는 시도는 지금까지 없었다. 이 이론들은 형이상학적 프로젝트에 속해 있으므로 각 모티프는 해당되는 이론의 필요조건일 뿐 아니라 충분조건으로 주장되어 왔다.[46] 이런 특징 때문에 예를 들어 진리 대응론이 정합의 모티프도 진리의 본질적인 속성의 한 측면이라고 인정하는 것은 논리적으로 불가능하다. 우리의 일상적 경험으로는 이 세 모티프가 다 진리의 중요한 요소인 것 같다. 그 중에 한 이론이나 두

46) 앞에서 살펴본 대로 형이상학적 프로젝트에 속한 이 세 진리론은 공통적으로 다음과 같은 똑같은 형태의 주장을 한다: "명제 x에 대해서, p이면, 그리고 그런 경우에만 x는 참이다."

이론만을 택하는 것은 현명하지 않은 것 같다. 그러나 우리가 모순을 일으키지 않으면서 어떻게 세 모티프를 전부 포용할 수 있을까?

이러한 진리 개념의 아포리아를 해결하는데 리쾨르의 해석학이 중요한 도움을 준다는 것이 필자의 주장이다. 따라서 우선 리쾨르의 해석학을 살펴보고, 그 후에 진리의 문제로 다시 돌아오려고 한다.

3. 리쾨르의 해석학

리쾨르는 과연 진리에 대해 무엇을 말하는가? 만일 리쾨르가 체계적인 진리론을 제시했다면, 그 부분에 초점을 맞추어, 그의 이론을 다른 진리론들과 비교하면서 리쾨르의 공헌에 대해 평가할 수 있었을 것이다. 그러나 리쾨르에게 진리론은 하나의 독립된 관심사가 아니었다. 초기의 저작을 제외하고는 "진리"라는 단어가 책 제목이나 목차에 등장하는 경우가 드물 정도로 겉으로 보기에는 리쾨르에게 진리는 중요한 주제가 아닌 것 같이 보인다.[1] 그러나, 그것으로 리쾨르가 진리에 관심을 두지 않았다고 속단하면 안 된다. 그 반대로, 진리는 그의 중요한 관심사였고, 그의 글들 전체에 중

---

1) History and Truth가 진리라는 단어를 제목에 포함하는 예외적인 경우라 하겠다. 그러나 이 책은 리쾨르가 본격적으로 그의 텍스트 해석학을 발전시키기 이전의 저술로, 그의 진리관을 이해하는데 중요한 도움이 되지는 않는다. Paul Ricoeur, *History and Truth,* trans. C. A. Kelbley (Evanston, Ill.: Northwestern University Press, 1965). 불어 원본은 1955년에 출간

요한 흐름으로 관통하고 있다. 리쾨르의 진리관은 그가 따로 진리에 대해 기술한 책이나 논문을 분석함으로써가 아니고, 그의 해석학 전체 속에서 진리의 문제가 어떤 위치를 차지하느냐를 분석함으로 더 잘 파악될 수 있다.

최근의 철학자 중에서 리쾨르만큼 다양한 영역에 관심을 두고 깊은 영향을 끼친 철학자를 찾기 힘들다. 그는 철학자였지만, 종교, 신학, 역사, 문학비평, 심리분석, 법학, 정치학, 사회학, 심리학, 언어학 등의 주제에 대해서도 깊은 연구를 했다. 이렇게 다양한 관심사에도 불구하고 리쾨르의 철학 저변에는 면면히 흐르는 한 가지 신념이 있는데, 그것은 그의 종교적 신념이다. 그의 기독교적 신앙은 그의 철학이 상대주의나 회의주의에 빠지지 않게 지켜주었고, 인간의 언어, 행동, 제도가 나름대로의 합리성을 갖추고 있다는 긍정적인 태도를 유지하도록 도와주었다.[2] 리쾨르는 신학자는 아니었지만, 조직신학, 성서신학, 역사신학, 윤리학, 목회학, 설교학 등 신학의 여러 분야에 중대한 영향을 끼쳤다.

그는 실존주의와 현상학의 흐름에 속한 철학자로서 1950년대부터 인간의 죄, 소외, 허물, 죄책과 같은 문제를 집중적으로 다루었다. 그의 초기 글에서 그는 반성적 방법(reflective method)과 기술현상학(descriptive phenomenology)에 주로 의존했었는데, 후에 인간의 근본적인 경험은 상징을 통해 간접적으로만 이해될 수 있다는 것을 깨닫고 나서 그는 그의 방법론을 수정했다.

상징으로 관심을 돌린 것은 그의 사상의 발전에서 매우 중요한 전환점이다. 상징을 통해 그는 해석의 문제에 관심을 기울이게 되었고, 해석학의 영

2) Karl Simms, *Paul Ricoeur* (New York: Routledge, 2003), 1-2.

역으로 점점 발을 들여놓게 되었다. 이 시기에 비로소 리쾨르는 언어의 문제에 그의 관심을 집중하게 된다.[3)]

상징과의 씨름을 통해, 리쾨르는 상징도 아직 너무 직접적이라고 느끼게 된다. 상징은 인간의 세계나 경험과 너무 가까운 거리에 있다. 상징에만 관심을 두는 해석학은 인간의 근본적인 문제를 적절하게 다룰 수 없다고 그는 판단했다. 그래서 그는 은유(metaphor)로 돌아가는 길을 택하기로 한다. 그 후 그의 관심은 텍스트와 이야기로도 뻗어 나가게 된다.

이 시기에 그는 언어에 큰 관심을 두게 되었다. 리쾨르는 죄의식, 고통, 희망 등과 같은 인간의 근본적인 경험이 은유, 텍스트, 이야기 등을 통해 후대에 전달될 수 있다는 것을 깨달았다. 그의 철학은 그 과정 속에서 어떻게 해석이 이루어지는가에 초점을 맞추면서 발전해 갔다.

리쾨르에 의하면, 텍스트를 이해한다는 것은 텍스트 속에 담겨진 의미를 발굴해 내는 과정이 아니라, 독자가 텍스트와 독자 자신의 지평을 융합시킴으로 새로운 세계를 창조하는 것이라고 역설한다. 텍스트의 특별한 유형이라고 할 수 있는 이야기에 초점을 맞추면서 그의 텍스트 해석학은 폭과 깊이를 더해가게 되는데, 그의 해석학의 완성된 형태는 이야기 해석학(narrative hermeneutics)이라고 볼 수 있다.

이 장에서는 리쾨르의 생애를 간단하게 소개하고, 리쾨르의 해석학의 발전을 다음과 같은 네 단계로 나눠서 살펴보려고 한다: (1) 상징의 해석학, (2) 은유의 해석학, (3) 텍스트의 해석학, (4) 이야기의 해석학.

---

3) Paul Ricoeur, "Intellectual Autobiography," in *The Philosophy of Paul Ricoeur*, ed. Lewis Edwin Hahn (Chicago, Il: Open Court, 1995), 13, 17.

1. 리쾨르의 생애

한 철학자의 사상을 이해하기 위해서 그 사람의 삶을 꼭 알아야 하는 것은 아니다. 리쾨르 자신도 "아무도 나의 인생에는 관심이 없다... 내 인생은 내가 남긴 일, 즉 내 책과 논문들이다."라고 말한 바 있다.[4] 이렇게 본다면 리쾨르의 전기는 그가 발표한 글들을 중심으로 그의 사상의 발전을 추적하는 것으로 충분할 것이다. 실제로 리쾨르의 일생을 그의 사상의 발전이라는 관점에서 서술한 전기는 많이 있다.[5] 그러나 리쾨르의 글들을 읽고 그의 사상의 폭과 깊이와 통찰력에 감탄하고, 또 그의 사상에서 왠지 모를 인간미를 느끼는 독자로서는 그가 어떤 사람이었는가에 호기심을 갖지 않을 수 없다. 이 장에서는 리쾨르의 생애를 그의 사상의 발전보다는 한 개인으로서의 체험에 초점을 두고, 박사학위를 취득하여 교수직을 시작하기까지의 생애를 소개하려고 한다.

리쾨르(Paul Gustave Ricoeur)는 1913년 2월 27일 프랑스 남동부 도시 리용에서 42킬로미터 남쪽에 있는 소도시 발랑스(Valence)에서 태어났다. 그의 아버지 쥘 리쾨르(Jules Ricoeur)는 대학예비교에서 영어를 가르치는 교수였고, 리쾨르의 어머니 플로랑스 파브르(Florentine Favre)는 리쾨

4) Charles E Reagan, *Paul Ricoeur, His Life and His Work*(University of Chicago Press, 1998), 1.

5) 그의 사상의 발전을 가장 잘 정리한 글은 자신의 지적 자서전이다. Paul Ricoeur, "Intellectual Autobiography," in *The Philosophy of Paul Ricoeur,* ed. Lewis Edwin Hahn (Chicago, Il: Open Court, 1995), 3-53. 리쾨르에 관한 논문을 모은 이 책의 맨 앞에 실린 이 글은 50페이지나 되는 분량으로서 그의 사상의 발전을 매우 진솔하고 자세하게 진술하고 있다.

르가 태어난 지 일곱 달 만에 죽었다. 리쾨르는 두 살 위의 누나가 있었다. 1915년에 일차대전 중 징집되었던 리쾨르의 아버지가 전사해서 두 자녀는 렌(Rennes)에 살고 있던 조부모에 의해서 양육되었다.

리쾨르는 조부모 밑에서 독실한 기독교(개신교)적인, 조금은 엄격한 분위기에서 자랐다. 매주 교회에 나가고, 성경을 정기적으로 읽는 생활을 했다. 리쾨르가 초등학교를 다닐 때부터 그는 국가에서 주는 원호기금으로 학비와 책값을 받았는데, 리쾨르는 새 학년이 시작하기 전 여름방학에 교과서를 미리 사서 방학 중에 다 공부하곤 했다. 그는 고집이 있고, 지기 싫어하는 성격 때문에 학교에서 동급생들과 싸움을 자주 하기도 했지만, 전반적으로 책을 많이 읽고, 선생님들에게 사랑을 받는 우수한 학생이었다. 그가 고등학교 시절에 읽었던 책들은 몽테뉴, 파스탈, 스탕달, 플로베르, 톨스토이, 도스토예프스키 등이었으며, 특히 도스토예프스키의 소설『죄와 벌』은 그가 후에 악의 문제를 다루는데 중요한 영향을 끼쳤다.

1928년에 그의 할머니가 죽고, 숙모가 가사를 돌보게 되었다. 이 시절 리쾨르는 누나와 사이가 좋아 항상 같이 시간을 보냈는데, 나중에는 누나의 친구인 시몬 르자(Simone Lejas) 와도 친하게 되어 셋이서 항상 어울려 다녔고, 1931년에 리쾨르와 시몬은 결혼하기로 약속을 하게 되었다. 할아버지가 죽은 1933년부터 리쾨르는 렌 대학과 후에 소르본느 대학에서 공부하게 되었다. 이 시절 큰 영향을 준 교수로는 렌 대학의 달비에즈(Roland Dalbiez)교수와 소르본느 대학의 마르셀(Gabriel Marcel)교수를 들 수 있다. 리쾨르는 대학 시절 라틴어와 그리스어는 잘 했지만 정작 철학에는 크게 흥미를 갖지 못했다. 아마도 그는 철학이 신앙에 방해가 될 것으로 우려했던 것 같다. 철학 교수였던 달비에즈는 리쾨르에게 그가 두려워하는 것이 있으면 정면으로 대결해야한다고 충고를 했고, 그 충고를 받아들여 리쾨르는 평생 철학을 연구하는 길의 첫걸음을 내딛게 되었다.[6] 소르본느 대학에서는 마르셀 교수를 만나 그에게 큰 영향을 받았다. 마르셀은 매주 금요일 오후 다섯 시에 자신의 집에서 금요회라는 모임을 가졌는데, 20여명의 철학 전공 학생들과 몇몇 선배들이 참석하곤 했다. 리쾨르는 이 모임에서 마르셀의 인격과 그의 소크라테스적 대화법에 매료되었다. 마르셀도 리쾨르를 후계자로 지명할 정도로 인정했고, 두 사람의 우정은 마르셀이 죽을 때까지 계속 되었다. 1934년에는 누나가 병에 걸려 죽었고, 1935년에는 시몬과 결혼을 해서 가정을 꾸리게 되었으며, 또 그 해 대학을 졸업하여 교수자격증을 취득하고, 대학예비교에서 철학을 강의하기 시작했다. 그리고 이때부터 그는 독일어를 배워서 후설(Husserl)과 하이데거의 글을 읽기 시작했다.[7] 이 시절부터 리쾨르는 기독교 사회주의에 깊은 관심을 보이기 시작했는데, 그 해 7월부터 극좌파 잡지인 『새땅』(Nerre Nouvelle)에 기고를 하기도 했다. 그의 기독교 사회주의적인 관심은 계속되어 1938년에는 『존재』(ETRE)라는 잡지에 "마르크스의 필연성"이라는 글을 발표하여, 교조적인 마르크스주가 아닌 비판적인 마르크스주의는 기독교와 통한다고 주장을 하기도 했다.

1940년에는 예비역 장교로 전쟁에 참전하게 되었는데, 그는 독일군의 포로가 되어 1945년까지 포로 수용소에서 지내게 된다. 이곳에서 그는 다른

6) 리쾨르는 자신에게 처음 철학의 깊은 뜻을 깨우치게 해 준 사람이 달비에즈 교수였다고 언급하고 있다. 학생들이 졸업하는 날 달비에즈 교수는 그들에게 영원히 철학을 위해 헌신하고 용감하고, 통전성을 지키라고 당부했다. Paul Ricoeur, "Intellectual Autobiography," 4.

7) Ibid., 9.

철학자들과 함께 철학학교를 열어 강의도 하고, 철학적 토론도 하였다.[8)]

1948년에 스트라스부르 대학 철학 교수로 부임하여 행복한 가정을 꾸리면서 학자로서의 본격적인 경력을 쌓기 시작했다. 1950년에는 박사학위 논문 『의지의 철학 1권: 의지적인 것과 비의지적인 것』이 통과되고 책으로 출판되었다. 1955년에는 『역사와 진리』를 출판하였다.

1956년에 리쾨르는 Raymond Bayer교수 뒤를 이어 일반철학 석좌 교수로 소르본 대학에 부임하였다. 이것은 리쾨르가 철학자로서 매우 성공했음을 의미했다.[9)] 이곳에서 그는 R. Aron, G. Gurvitch, G. Bachelard 교수 등과 같이 철학부에서 가르쳤으며 수년간 데리다(Jacques Derrida)를 조교로 데리고 있기도 했다. 그는 1960년에 의지의 철학 2권 『유한과 허물 1. 연약한 인간 2. 악의 상징』을 출간하였다. 『악의 상징』은 리쾨르가 해석학에 본격적으로 관심을 기울이게 된 책이다.

이 시기 이후의 리쾨르의 생애에서 가장 중요한 요소는 그의 책을 통해 전개되는 그의 사상의 발전이라고 할 수 있다. 리쾨르의 사상의 발전은 뒤에서 다룰 것이므로, 이곳에서는 사상의 발전과는 직접적인 관련은 없는 그의 생애에서 중요한 몇 가지 사건만을 언급하려고 한다.

1957년부터 리쾨르는 알제리 전쟁에 반대하는 운동에 적극 참여하였고, 잡지를 통해 의견을 밝혀왔다. 1961년에는 그 때문에 반정부 혐의로 가택 연금을 당하기도 했다.[10)] 리쾨르는 그의 전 생애에 걸쳐 항상 사회문제에

---

8) 리쾨르는 포로 수용소의 기간이 자신에게는 개인적으로나 학문적으로 많은 것을 얻은 기간이었다고 회고한다. Ibid., 10.

9) Charles E. Reagan, Ibid., 21.

10) Ibid., 21.

관심을 많이 가져왔다. 1985년에는 프랑스 사회 기독교 운동 100년 동안 중요한 인물 3인 중의 한 사람으로 선정되었다.

1964년에 낭테르(Nanterre) 대학이 파리 교외에서 개교를 하자, 리쾨르는 그 학교로 옮겼다. 1969년에는 낭테르 대학 학장으로 취임했다. 1970년 1월 모택동주의 학생들이 리쾨르의 사상이 종교적이고 신비적이라고 공격하며, 리쾨르에게 몰려가 뺨을 때리고 머리에 쓰레기통을 씌운 일이 있었다. 리쾨르는 3월 16일 학장직을 사임했다.[11)]

1966년에 미국 시카고 대학 신학대학원의 초빙교수가 되었으며, 1968년부터는 그 대학에서 정규 강좌를 여는 등 미국에서 강의와 연구 활동을 본격적으로 하기 시작했다.

리쾨르는 2005년 92세의 나이로 세상을 떠났는데, Christian Century는 다음과 같이 그의 죽음의 소식을 전했다.

프랑스 철학자 폴 리쾨르 92세로 소천하다

> 대서양의 동 서쪽에 공히 큰 영향을 끼쳤던 프랑스 철학자 리쾨르가 5월 20일 파리 근교 Chatenary- Malabry의 자택에서 몇 달 동안 앓던 병으로 소천했다. 그의 나이는 92세였다.
>
> 아주 독실한 개신교 집안에서 자란 그는, 1차 세계대전 중에 고아가 되었고, 2차 세계대전 중에는 독일 포로수용소에 수용되기도 했다. 그는 Strasbourg와 Sorbonne 대학에서 가르쳤고, 미국 시카고 대학, 예일 대학, 콜롬비아 대학 등에서도 교수직을 갖고 있었다... 지난 해 (2004) 11월에 리쾨르는 역사

11) Ibid., 37.

가 Jaroslav Pelikan과 함께 미국 국회에서 주는 John Kluge Prize를 수상하여 그가 인문과학 분야에 남긴 업적을 인정받았다. 그 한해 전에는 교황 요한 바오로 2세로부터 Paul VI Prize를 바티칸에서 수상했으며, 그 외에도 많은 국제적, 국내적 단체들의 상을 수상했다.... 프랑스 대통령은 "리쾨르는 대화와 상호 존중의 중요성을 강조하는데 조금도 소홀히 하지 않았다."라고 언급했다. 그는 1950년대에 알제리 전쟁을 반대했었고, 1992-1995년의 보스니아 내전에 프랑스가 관여하는 것도 반대했었다. 그는 20권의 책을 남겼고, 그 중에는 The Rule of Metaphor, Time and Narrative, Freedom and Nature, The Voluntary and the Involuntary 등이 포함되어 있다.[12]

2. 상징의 해석학

리쾨르의 첫 번째 체계적인 해석학적인 시도는『악의 상징』에서 시작되었다.[13] 이 책에서 그는 구체적인 상징, 즉 악의 상징을 탐구함으로 상징의 해석학을 발전시켰다. 리쾨르에 의하면 상징은 개념적 표현(notional expression)과 다르다. 개념은 순수한 반성적 영역에 속하며 합리성의 산물이다. 철학적 언어와 자연과학적 언어는 개념적 표현의 대표적인 예이다. 그러나 심오한 인간의 경험(악이나 죄와 같은)이 개념으로 표현될 때, 그 경험들은 본래의 깊고 복잡한 특성을 상실하게 된다. 모순을 포함하고

---

12) "French Philosopher Paul Ricouer Dies at 92," *Christian Century* 122, no. 12 (2005): 15.

13) Paul Ricœur, *The Symbolism of Evil* (Boston: Beacon Press, 1969). 불어 원본은 1960년에 출간됨.

있는 경험들을 합리성의 원리에 따라 표현할 때, 이 경험들은 추상화되고, 개념화되고, 분류되고, 그 경험이 원래 발생하였던 풍요로운 의미의 세계에서 뿌리가 뽑히게 된다.[14] 리쾨르는 이와 같은 심오한 인간 경험을 다루기 위해서는 비문자적이고(non-liberal), 비유적이고(figurative), 간접적이고, 다의적인 표현을 사용해야 한다고 말한다. 그에 의하면, 인간의 모든 심오한 경험은 상징을 통하여 그 의미가 전달될 수 있다. 상징의 특징을 명확하게 설명하기 위해서 리쾨르는 상징을 기호와 대조하여 그 특성을 살펴본다.[15]

상징과 기호는 둘 다 자신을 넘어선 다른 것을 가리킨다는 점에서 공통점을 갖고 있다. 그러나 이 둘 간의 차이는, 전자는 불투명하고(opaque), 후자는 투명하다(transparent)는 점에서 찾아볼 수 있다. 기호는 표명하고자 하는 대상을 직접적으로, 있는 그대로 지시한다. 그러나 상징에서는 첫 번째 의미, 즉 상징의 문자적이고 직접적인 의미가 두 번째 의미를 유비적

14) Ibid., 161.

15) 리쾨르는 상징을 "직접 의미, 일차 의미 또는 문자 의미가 흘러넘쳐 다른 의미, 곧 간접의미, 이차의미, 또는 상징의미를 낳는 의미구조를 가리킨다. 이 때 이차 의미는 반드시 일차 의미를 거쳐서 생긴다."라고 정의한다. ("I define 'symbol' as any structure of significance in which a direct, primary, literal meaning designates, in addition, another meaning which is indirect, secondary and figurative and which can be apprehended only through the first."). 리쾨르는 상징을 카시러(Cassirer)같은 사람들이 쓰는 것보다 좁은 뜻으로 쓰고 있다. 카시러는 "기호를 사용해서 현실을 받아들이는 것은 모두 상징으로 본다. 그래서 느낌, 신화, 예술은 물론 과학까지도 상징이 된다. 우리가 여기서 상징이라고 할 때는 그보다 좁은 뜻이다." Paul Ricoeur, *The Conflict of Interpretation : Essags in Hermeneutics* (Evanston: Northwestern University Press, 1974) xiv

으로(analogically) 지시한다.[16] 이 두 번째 의미는 다른 방법으로는 전달하기 힘든 내용이다. 기호는 그것이 무엇을 지시하는지 밝혀진 다음에는 더 이상 필요 없어 버려도 되지만, 상징은 그런 식으로 내버릴 수 없다. 상징의 두 축, 즉 상징하는 것(the symbol)과 상징 되는 것(the symbolized)사이의 상호작용은 끝이 나지 않는다. 이것을 리쾨르는 상징의 의미적 잉여(surplus of meaning)라고 한다.

기호와 상징의 차이를 더 정확히 이해하기 위해 예를 들어보는 것이 좋겠다. 지도상에 있는 십자가는 기호로서 교회 건물을 가리킨다. 이 십자가 기호가 교회 건물을 의미한다는 것이 확인된 후에는 그 기호는 더 이상 필요하지 않게된다. 그리고 나중에 편의상 십자가가 아닌 삼각형을 사용하여 교회의 위치를 표시하자고 한다면, 아무 문제 없이 그렇게 할 수 있다. 왜냐 하면 기호는 그 자신이 어떤 의미를 가감하는 것이 없이, 투명하게, 직접적으로 다른 대상을 지시하기 때문이다. 그러나 똑 같은 십자가가 상징으로 이용될 때는 그렇지 않다. 십자가는 기독교의 상징이라고 할 때, 십자가는 단순히 기독교로 대체될 수 없다는 것이다. 십자가는 단순히 기독교의 본질을 있는 그대로 보여주는 것이 아니라, 기독교라는 단어만으로는 표현할 수 없는 의미를 추가한다. 상징하는 것과 상징되어지는 것의 관계는 한번 의미가 전달됨으로써 그 관계가 완전히 이해되는 것이 아니고, 끊임없이 새로운 의미가 생성될 수 있다.

이와 같이 상징은 무한한 의미를 갖고 있기 때문에, 기호나 개념적 표현보다 많은 것들을 표현한다. 따라서 상징은 심오한 인간의 경험들을 표현

16) Ricoeur, *The Symbolism of Evil*, 15-16.

하기에 적합한 언어이다. 상징의 해석을 통하여, 우리는 인간 경험의 심오함과 그 경험과 세계와의 관계에 대해 올바른 이해를 할 수 있다는 것이 리쾨르의 주장이다.

이런 상징을 해석하는 것은 매우 복잡하고 어려운 과제이다. 한편으로는 상징이 문자화되고 화석화되는 것을 방지하고, 다른 한편으로는 무조건 합리성을 거부하는 해석을 방지하기 위해서 창조적인 상징의 해석학(a creative hermeneutics of symbols)을 개발할 필요가 있다고 리쾨르는 주장한다.[17] 이와 같은 상징의 해석학은 "상징은 생각을 불러일으킨다"(The symbol gives rise to thought)라는 말로 요약된다.[18] 상징 속에서 1차적 의미라고 할 수 있는 문자적 의미 혹은 물리적 의미가 2차적 의미 곧 영적 의미 혹은 실존적이고 존재론적인 의미를 낳는다. 이 두 번 째 의미는 그처럼 간접적으로 생겨날 수밖에 없다. 상징은 말하고 있는 것 이상을 말하고, 끊임없이 말을 불러일으킨다.

우선 상징은 "불러일으키는" 역할을 한다. 상징은 생산적이고 창조적이다. 상징적 언어는 세계를 만드는 유용하다. 상징의 해석학의 두 번째 특징은 "생각"과 연관되어 있다. 리쾨르는 상징이 철학적 담론과 아무 연관이 없다면, 상징을 해석하는 것이 불가능하다고 말한다. 상징의 이해는 엄밀한 철학에서 말하는 것과는 다르지만, 나름대로의 체계적 질서 속에서 이루어진다는 것이다. 상징의 해석학은 이 두 요소가 서로 만남으로 이루어진다. 어떻게 이 두 요소가 결합될 수 있을까? 리쾨르는 상징의 해석학은 다음의 세 단계를 거친다고 말한다.

---

17) Ibid., 348.

18) Ibid.

첫 번째 단계는 1차적 순진성("the primitive naïveté", 혹은 "the first naïveté"; "1차적 원시성"으로 번역되기도 함)의 단계이다. 이 단계는 상징을 자명하게 이해하는 단계이다. 이때 상징이 속한 차원을 떠나지 않고, 그 속에서 상징을 이해하게 된다. 상징의 진리성이나 확실성에 의문을 제기하지 않고, 있는 그대로를 받아들이는 단계이다. 이것은 다시 생각해보기 전의 첫인상에 의한 이해이다.

두 번째 단계는 비판적 단계, 혹은 설명(explanation)의 단계이다. 이 단계에서 생각(사고)과 상징이 처음 부딪치게 된다. 사고는 당연시 여겨졌던 상징의 의미에 회의를 제기함으로써 원래의 상징의 의미가 용해된다. 이 단계에서 상징의 의미는 지성의 준엄한 분석을 거치게 된다.

그 다음 단계는 무엇인가? 리쾨르는 두 번째 단계에서 상징의 의미를 철학적 명제로 환원하고, 해석이 완료되었다고 여기는 입장을 경계한다. 만일 그런 식으로 상징이 해석된다면, 그것은 상징이 아니고 기호로 취급되는 것이다. 상징의 의미는 비판적 단계에 속해 있는 것도 아니고, 그렇다고, 1차적 순진성의 세계에 속해있는 것도 아니며, 이 둘의 역동적인 상호 관계 속에 속해 있는 것이다. 제 3 단계를 리쾨르는 2차적 순진성("the second naïveté.")이라고 명명한다. 비판적 단계를 거친 후, 해석은 다시 상징의 세계로 돌아간다. 그러나 상징의 세계는 비판적 단계를 통과했기 때문에 이전의 상징의 세계와는 다른 세계이다. 두 번째 비판적 단계를 통하여, 상징이 불러올 수 있는 오류와 왜곡 등이 제거되거나 견제되고, 이제 상징의 세계로 다시 돌아옴으로 상징의 창조적인 힘을 경험할 수 있게 된다. 상징이 설명의 단계를 거치면서 용해되는 것은 세 번째 단계에서 복원

되기 위한 필수적인 조건이다.[19)]

상징 해석학의 세 단계를 좀 더 잘 이해하기 위해서 예를 들어보자. 1차적 순진성의 단계는 어린 아이가 "해가 동쪽에서 뜬다."고 말하는 것과 같다. 이 아이는 정말로 해가 동쪽에서 뜬다고 믿을 수도 있다. 비판적 단계는 해가 정말로 동쪽에서 뜨는 것이 아니고, 지구가 도는 것임을 밝히는 단계이다. 이 단계를 거치고 나서 이제는 절대로 해가 동쪽에서 뜬다고 말해서는 안 되는 것인가? 그렇지 않다. 그 다음에도 우리는 해가 동쪽에서 뜬다고 말을 한다. 그러나 이 때 우리는 지구가 자전하기 때문에 그런 일이 생긴다는 것을 알고 있다. 1차적 순진성의 단계와 2차적 순진성의 단계에서 똑같은 말을 하고 있지만 비판적 단계를 거치기 전이냐 후냐에 따라 그 의미는 달라진다. "지구가 돈다"라는 말이 꼭 상징은 아니지만, 이 예를 통해 유비적으로 리쾨르의 의도를 이해할 수 있다.

리쾨르는 악의 상징을 예로 들어 말하면서, 악의 상징은 세 차원으로 나눠진다고 말한다. 먼저, 흠과 죄와 허물 같은 1차 상징, 그리고 타락 신화, 추방 신화 같은 2차 상징, 끝으로 영지주의나 원죄론처럼 교리를 만드는 세 번째 차원이다. 그 중 타락의 신화를 예로 든다면, 1차적 순진성의 단계에서는 타락의 이야기를 아무 의심 없이 사실로 믿는 단계이다. 비판적인 단계는 준엄한 이성의 비판을 받는 단계이다. 세 번째 단계는 그 비판적인 단계를 거치고 나서 타락의 신화가 인간의 죄의 문제를 가장 의미있게 설명하는 것으로 받아들이는 단계가 될 것이다.[20)]

리쾨르는 이와 같은 상징 해석의 세 단계 과정은 매듭을 만드는 것과 같

19) Ibid., 350.

20) Ricoeur, *The Conflict of Interpretation*, 269-286.

다고 한다. "해석의 과정 속에서 상징이 주는 의미와 이해하려는 노력은 서로 매듭처럼 꼬여진다... 상징은 불러일으키고, 비판은 설명한다."[21] 이와 같은 과정은 순환적이라고 할 수 있는데, 그 이유는 이해하기 위해서는 믿어야 하고(1단계에서 2단계로), 믿기 위해서는 이해해야 하기 때문이다(2단계에서 3단계로). 리쾨르는 이런 순환은 악순환이 아니고, 생산적인 순환이라고 밝힌다. 한번 순환하고 나면 다른 차원에 도달하기 때문에 나선적 순환이라고 명명할 수도 있겠다.

리쾨르의 상징의 해석학은 그의 해석학적 여정의 출발에 불과하지만, 이후 그의 해석학의 발전의 중요한 정초를 놓아주었다. 특히, 상징의 이중적 의미구조의 강조는 이후 그의 해석학이 은유, 텍스트, 이야기로 확장되면서도 매우 중요한 요소로 작용하게 된다. 또한 해석의 삼단계, 회의의 해석학, 해석학적 순환 등과 같은 것은 계속해서 발전하면서 그의 해석학 전체에서 중요한 요소로 남아 있게 된다.

3. 은유의 해석학

리쾨르는 상징에서 은유(metaphor)와 텍스트로 그 관심을 옮기게 되는데, 그 이유는 상징의 해석으로 표현되는 해석학은 너무 편협하기 때문이다. 그는 스스로 이렇게 고백한다.

나의 이전의 저작들, 특히 『악의 상징』과 『프로이드와 철학』에서 나는 폭이 넓

21) Ricoeur, *Symbolism of Evil*, 351.

> 으면서 엄밀한 대상, 즉 상징에 의해 해석학을 규정했었다. 이 상징을 나는 이중적 의미를 갖고 있는 의미론적 구조로 이해했었다. 그러나 오늘날 나는 언어의 문제를 더 깊이 다루지 않은 채 문제를 이렇게 직접적으로 다루는 것이 과연 옳은 것인지 의문을 갖는다.[22]

그가 이와 같은 방향 전환을 하게 된 것은 정신분석 이론(psychoanalytic theory)과 구조주의(structuralism)의 영향이다. 또한 후기 불트만 학파의 말씀의 신학(theologies of the word)과, 영미의 일상언어철학(ordinary language philosophy)이 그의 관심을 상징에서 은유로 옮겨 놓았다.[23]

그는 은유야 말로 기호론(semiotics)과 의미론을 연결하는 다리와 같은 것이라고 말한다. 은유는 상징처럼 간접적으로 지시한다는 점에서 유사하다. 그러나 자세히 살펴보면 상징과 은유는 다른 점이 많다. 그는 그 차이를 *The Rule of Metaphor*에서 다음과 같이 지적한다.

> 은유에는 상징에 없는 무엇인가가 있고, 상징에는 은유에 없는 무엇인가가 있다... 은유는 상징의 힘을 담지하고 있는 단순한 언어적 작용이다. 상징은 상징하는 것이 비언어적 실체를 지시한다는 의미에서 이중적 구조를 유지한다. 상징은 은유와 달리 세계에 매여 있다. 상징은 뿌리가 있다. 상징은 힘의 근원과 연결되어 있다. 그러나 은유는 상징의 언어적 표면이고, 은유의 힘은

---

22) Paul Ricoeur, *Interpretation Theory: Discourse and the Surplus of Meaning* (Foot Worth: Texan Chridtian University Press, 1976), 45.

23) Paul Ricoeur, *The Rule of Metaphor: Multi-Disciplinary Studies of the Creation of Meaning in Language,* trans. R. Czerny, K. McLaughlin and Costello (London: Routledge & Kegan Paul, 1978), 317.

인간의 심오한 경험 속에서 그 언어적 표면과 전언어적 표면을 연결하는 상징의 이중적 구조에서 나온다.[24]

은유는 완전한 언어적 창작물임에 반해서, 상징은 비언어적 세상에 뿌리를 두고 있다는 것이다. 상징은 한 발은 언어 밖의 세상에, 다른 한 발은 언어 안의 세상에 두고 있는 셈이다. 상징의 의미는 그 상징의 한 발을 짚고 있는 신성한 우주의 구조에서 나온다. 그러나 은유는 자유로운 언어적 창작이다. 은유는 두 발을 전부 언어 안에 두고 있는 셈이다. 그런 의미에서 상징의 해석은 발견이다. 즉, 상징은 현존하는 우주 질서 속에서 무엇인가를 발견하는 것이다. 그러나 은유는 창조이다. 은유의 해석은 발언된 은유 속에 담겨진 화자의 상상력과 창의력에 대한 인지이다.

이와 같이 상징과 은유를 구별한 뒤, 리쾨르는 상징의 해석학과는 구별되는 은유의 해석학을 그의 책 *The Rule of Metaphor*에서 발전시킨다.

전통적으로 은유는 다음과 같은 네 가지 특징이 있는 것으로 여겨졌었다: (1) 은유는 단어의 문자적 의미를 변경함으로 생기는 의미의 확장이다. (2) 의미가 변경되는 이유는 유사성에 있다. (3) 단어의 은유적 의미는 문자적 의미로 대체될 수 있다. (4) 따라서 은유는 어떤 의미 혁신을 가져오지 않는다. 은유는 사실에 대한 어떤 새로운 정보도 제공하지 않고, 은유의 기능은 순전히 장식적이다.[25]

리쾨르는 이러한 전통적인 은유에 대한 이해를 정면으로 반박한다. 그는 은유를 문장의 의미 연관 속에서 이해해야 한다고 주장한다. 은유는 담

---

24) Ibid., 69.

25) Ibid., 49.

화(discourse)에 속한다. 은유는 필연적으로 두 단어로 구성되어 있는데 이 두 단어를 연결하는 동사가 종종 생략되지만, 모든 은유는 기본적으로 한 문장을 구성한다고 리쾨르는 말한다. “눈물의 바다”라는 은유는 “눈물은 바다다”라는 문장에서 동사가 생략된 형태라는 것이다. 은유란 이전과는 완전히 다른 방식으로 두 단어를 만나게 함으로 새로운 상황을 창조해내는 사건이다. 이 두 단어의 긴장 관계를 통해 은유가 작용한다. 리쾨르는 은유의 가장 중요한 핵심은 이와 같은 의미의 혁신(the semantic innovation)이라고 말한다. 만일 은유적 의미가 문자적 의미로 치환될 수 있다면(예를 들어 “의자의 다리”) 그 은유는 더 이상 의미의 혁신을 일으켜내지 못하는 죽은 은유이며, 더 이상 은유로 취급될 수 없다. 은유는 담화의 장식이 아니고 새로운 세계를 불러오는 작용을 한다.[26)]

26) 은유가 새로운 의미를 만들어낸다고 하는 점은 예수의 비유 해석에서도 중요한 의의를 가진다. Robert Funk는 누가복음 10장의 선한 사마리아인의 비유를 모범 이야기(example story)가 아니라 은유로 봐야 한다고 주장했는데, 이 경우 비유는 사마리아인이 행한 것을 본받아 청자들도 선한 행동을 하라는 가르침을 주려고 한 것이 아니고, 청자가 생각하지 못했던 새로운 의미를 만들어 그것을 전달하려는 목적을 갖고 있다. 이 비유는 “선하다”라는 단어와 “사마리아인”이라는 단어를 결합시킴으로 당시에는 파격적인 의미의 혁신을 만들어 냈다는 것이다. 이를 통해 청자들은 그들이 기존에 갖고 있었던 관습적인 이해를 벗어나 이웃이 무엇인지에 대해 이전에는 생각하지 못했던 새로운 의미를 찾아내게 된다는 것이다. Robert W. Funk, “Good Samaritan as Metaphor,” *Semeia*, no. 2 (1974): 74-81.; “선한 사마리아인“이라는 표현은 기독교의 역사를 통해 너무 익숙해 져서, 현대인에게 더 이상 은유로서 기능하지 않는다. 현대인들은 사마리아인은 당연히 선하다고 생각하는 경향이 있다. 이런 경우 이것은 죽은 은유라고 볼 수 있다. 이런 상황에서 ”나쁜 사마리아인“이라는 표현은 도리어 의미의 혁신을 가져온다. 은유가 시대와 상황에 따라 시들기도 하고, 소멸되기도 하고, 또 역전되기도 한다는 것은 매우 흥미로운 일이다. 이런 점에서 볼 때, 장하준의 『나쁜 사마리아인들』(Ha-Joon

그렇다면, 이 새로운 의미는 어디에서 오는가? 은유에 사용되는 각 단어들 속에 새로운 의미의 가능성이 내재되어 있는가? 아니면 새로운 의미는 은유적 문장 밖에서 생산되는가? 리쾨르는 새로운 의미는 문장 밖에서 생산된다고 주장한다. 의미의 혁신은 은유의 청자가 두 단어를 통해 새로운 실재(reality)를 구성해내는 능력에 의해서 생산된다. 은유의 저자가 두 단어를 완전히 새로운 방식으로 결합시킴으로써 의미의 혁신의 기초를 만들었다면, 독자나 청자는 상상력을 동원하여 두 단어 사이의 긴장 관계 속에서 새로운 의미가 생산될 수 있는 상황을 가능하게 하는 상호작용의 네트워크를 만들어야 해내야 하는 과제를 떠안게 된다.

은유는 언어를 통해 새로운 실재를 구성해 내는 것이라는 리쾨르의 설명을 좀 더 잘 이해하기 위해 예를 들어보는 것이 좋겠다. 김동명 시인이 "내 마음은 호수요"라고 했을 때, 이 시인은 마음과 호수라는 전혀 상관없는 두 대상 사이에 새로운 관계를 창조해 냄으로써 이전에는 없던 세계를 탄생시킨 것이다. 이 은유의 세계 안에서 잔잔한 물결과, 배와, 뱃전에 부딪히는 파도 등 모든 것이 특별한 의미를 갖게 된다. 그리고 이 은유를 통해서 만들어진 의미는 듣는 사람이 시인의 뜻을 헤아릴 때에야 이해가 되지, 그렇지 않은 경우 난해한 문장으로 남을 수 있다. 좋은 은유는 상상력이 풍부한 작가가 보통 사람들이 쉽게 발견할 수 없는 두 대상 간의 밀접한 관계를 찾아냄으로써 만들어진다. 좋은 은유는 듣는 사람이 그 담겨진 의미를 발견할 때 경탄을 하게 된다. 은유를 듣고 이해함으로써 그 사람은 그 전에는

Chang, *Bad Samaritans - The Myth of Free Trade and the Secret History of Capitalism,* Rndom House Business Books, 2007)이라는 책 제목은 매우 효과적인 은유라고 볼 수 있다.

없던 새로운 실재를 경험하게 되는 것이다. 어떤 가수가 "총 맞은 것처럼, 가슴이 너무 아파"라고 노래할 때, 이 가수는 "아픈 가슴"과 "총 맞음"사이에 이전에는 존재하지 않았던 새로운 관계를 만들어 낸 것이다.[27] 이 노래가 인기를 얻게 된다면 그 이유는 이 노래를 듣는 사람이 그 은유가 만들어 낸 의미의 혁신을 좋아하기 때문이다.

은유가 의미의 혁신을 만들어 내는 과정과 원리는 구체적으로 어떤 것인가? 어떻게 은유를 임의적으로 해석하는 위험으로부터 보호할 수 있나? 리쾨르는 은유의 해석학에서는 이 문제를 체계적으로 다루지 않고, 텍스트의 해석학에서 자세하게 규명하고 있다.

4. 텍스트의 해석학

1) 담화로서의 텍스트

리쾨르가 은유를 문장으로 이해함으로, 은유와 텍스트의 근본적인 차이는 다름이 아니라 바로 그 길이에 있다는 것이 밝혀진다. 따라서 그가 텍스트의 해석학에서 발견한 원리들은 은유의 해석학에도 그대로 적용될 수 있다. 단어가 은유의 기본 요소이고, 은유는 문장을 이루는 반면, 텍스트의 기본 요소는 문장이다. 은유가 두 단어의 긴장된 상호작용을 통하여 새로운 의미를 생산했다면, 텍스트의 긴장관계는 그보다 더 복잡하다. 그러나

27) 보통 "...처럼"이 들어가는 표현을 직유로, 그렇지 않은 경우를 은유로 구분하지만, 리쾨르는 그 모두를 은유에 포함시킨다.

두 경우 다 해석의 근본적인 과제가 매우 새롭고 낯선 여러 요소들을 서로 연결시킨 후 그 긴장관계 속에서 새로운 의미를 생산해내는 것임에는 일치한다.

리쾨르의 텍스트의 해석학은 그의 독특한 텍스트 이론을 통하여 전개된다. 리쾨르는 텍스트를 "쓰기에 의해서 고정된 담화"라고 정의한다.[28] 텍스트 해석학의 내용은 첫째로, 텍스트가 담화라는 점, 둘째로 텍스트는 쓰기에 의해 고정되었다는 점과 밀접하게 연관된다.

리쾨르에게 담화는 말해진 언어와 씌여진 언어 모두를 포함하는 개념이다. 담화란 구체적으로 누군가가 다른 사람에게 무엇을 말함으로 생성된다. 따라서 담화는 항상 담화의 주체가 있고, 특정한 시간과 공간에서 일어나는 사건이다.

리쾨르는 여기서 담화를 소쉬르의 랑그(langue)와 대비시킨다. 소쉬르는 언어를 랑그와 파롤(parole)로 구분했는데, 랑그란 약호(code) 혹은 약호의 집합이다. 약호는 시간이나 공간과는 독립되어 있고, 의도나 의식이 배제되어 있으며, 익명적이고, 구조적인 특성을 갖고 있다.[29] 랑그는 수학의 경우를 예로 들어 말한다면, 숫자들, 그리고 숫자 간의 연산관계와 같은 구조를 말한다. 구체적인 산술문제가 주어지기 전에도 시공을 초월하여 숫자와 수학적 구조가 전제되는 것처럼, 누군가가 어떤 담화를 말하기 전에 담화를 가능케 하는 약호와 구조가 있는데 그것이 랑그라는 것이다. 소쉬

28) "Text is discourse fixed by writing." Discourse는 담론, 언설 등으로 번역되기도 하나, 담화로 번역하는 것이 적절하다고 생각한다. 참고 Paul Ricoeur, 『해석이론』, 김윤성, 조현범 옮김(서울: 서광사, 1994), 21, 옮긴이 주.

29) Ibid., 26.

르는 랑그의 상대 개념으로 파롤을 제시했다. 파롤은 랑그의 기초 위에서 특정한 화자가 특정한 메시지를 생산해내는 것을 말한다. 사람들이 만들어 낼 수 있는 여러 가지 산술식은 각각의 경우가 파롤과 같다고 할 수 있다. 따라서 소쉬르에게 파롤은 개인적이고, 의도된 것이고, 자의적이고, 우연적이다. 이에 반해, 랑그는 체계적이고, 주어진 언어 공동체에게 강제되어진 것이다. 소쉬르는 이와 같은 이분법을 제시하고, 언어에 대한 체계적이고 과학적인 연구는 랑그의 차원에서 해야 하고, 파롤은 과학적으로 탐구할 가치가 없다고 규정했다.[30] 리쾨르가 소쉬르와 다른 점은, 그는 파롤 대신에 담화라는 개념을 제시하고, 언어학에서 랑그보다는 담화의 연구에 더 중요성이 있다고 주장하는 것이다.[31]

리쾨르는 랑그를 연구하는 언어학을 기호론(semiotics)이라고 하고, 담화를 연구하는 학문을 의미론(semiotics)이라고 구분한다. 이 두 학문은 여러 면에서 대조가 되는데, 리쾨르는 기호론과 의미론의 구분이 전체 언어

---

30) Ibid., 26.

31) 소쉬르의 이런 입장은 모든 구조주의가 공통으로 갖고 있는 견해이다. 구조주의는 음운론이나 기호론에 기초한 언어학은 어떤 인간 집단도 예외가 될 수 없는 보편성을 갖고 있으며, 원시인이든 문명인이든 특수 민족이든 상관없이 똑같이 적용된다고 주장한다. 구조주의적 언어학은 다른 인문사회과학에 비하여 훨씬 보편성과 일반성, 정밀한 과학성을 지닌다고 한다. 소쉬르처럼 문화인류학자 레비-스트로스(Levi-Strauss)도 그의 책『야생적 사유』와『토테미즘』에서 신화를 parole의 관점이 아니라 langue의 차원에서 설명한다. 이를 위해 그는 신화에서 시간적 차원을 제거하여 신화를 이야기로 이해하는 것이 아니고 기호 체계로 이해한다. 김영효, 『구조주의 사유체계와 사상』(도서출판 인간사랑, 2007), 92-94.; 리쾨르는 구조주의 주장을 잘 알고 있으며 일정한 범위 내에서 중요한 타당성을 갖고 있다고 생각한다. 그가 반대하는 것은 구조주의의 배타적인 주장이다. 나중에 그는 구조주의적 텍스트 분석을 해석의 중요한 한 과정으로 포함시킨다.

문제를 탐구하는 열쇠와도 같다고 지적한다.[32] 리쾨르에 의하면 담화는 사건(event)이라는 축과 의미(meaning)라는 축을 갖는다. 담화의 이해는 바로 사건과 의미의 변증법을 이해하는 것이다. 담화란 랑그가 구체적인 시간과 공간에서 실제로 구현되는 것이다.

사건으로서의 담화는 다음과 같은 특징을 가진다. 첫째, 담화는 시간 속에서 이루어진다. 둘째, 담화는 화자를 돌이켜 지시한다(refers back to its speaker). 셋째, 담화는 항상 무엇에 관한 담화이다. 넷째, 담화에는 상대자, 즉 대화의 파트너가 존재한다..

담화의 또 다른 축은 의미(meaning)이다. 의미는 담화의 "노에마," 명제의 내용, 혹은 말하여지는 것의 내용이라 할 수 있다. 리쾨르는 프레게(Frege)의 이론을 따라, 담화의 의미 안에는 또 다시 어의(語意, sense)와 지시 (reference)라는 두 축이 있다고 말한다.[33] 어의는 문장의 내적 구조가 말하는 바이다. 담화가 담화 밖의 어떤 실제 세계를 지시하기 이전에 내부적으로 어의를 가져야 한다. 예를 들어 "chases cat a a mouse"와 같은 문장은 어의를 갖고 있지 않기 때문에 담화로 성립될 수 없다. 이런 의미에서 어의는 담화의 닫혀진 시스템과 관련된 축이다. 이와 같은 어의의 중요성을 발견한 것은 구조주의의 공헌이라고 리쾨르는 말한다. 그들 덕분에 담화의 내적 구조의 중요성을 인식할 수 있게 되었다. 그러나 구조주의의 한계는 그들이 담화의 또 다른 축을 무시했다는데 있다.

일상적인 언어 생활에서 담화는 어의만을 갖고는 아무 의미도 가질 수

---

32) Ricoeur, Ibid., 35.

33) 프레게 (Gottlob Frege)가 사용한 용어는 독일어로 Sinn과 Bedeutung이었다. 어의를 뜻으로 해석하기도 한다. 해석이론, 51.

없다. 담화에는 나, 너, 이것, 저것, 이곳, 그곳, 지금, 그때 등과 같은 많은 지시대명사나 지시어들이 사용된다. 이런 것들은 담화의 내적 구조 밖에 있는 어떤 것을 지시하는 것이다. 언어행동이론을 통하여, 담화가 담화 밖의 세계와 갖는 관계의 중요성을 확인할 수 있다. 그 이론에 따르면, 지시대명사나 지시어가 사용되지 않는 경우라도 많은 담화들은 담화 외부의 세계와 밀접한 관계를 맺고 있다는 것이다. 리쾨르는 오스틴(Austin)이 제시한 발화행위(locutionary act), 발화수반행위(illocutionary act), 발화효과행위(perlocutionary act)의 구분을 받아들이고, 이런 구분이야말로 언어가 언어 내적으로만 머물지 않고 언어 밖의 상황과 밀접한 연관을 맺고 있다는 것을 드러내는 것이라고 한다. 담화의 의미는 이와 같이 어의와 지시의 변증법에 의해서 생산되는 것이다. 이상을 요약하여 아래의 도표로 그려볼 수 있다.

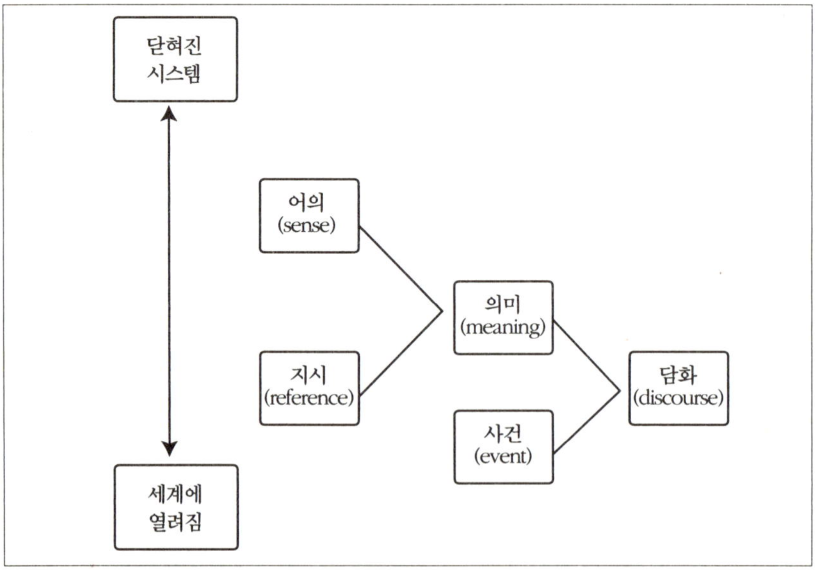

도표 2. 담화의 구조

2) 고정된 담화로서의 텍스트

지금까지 리쾨르가 내린 텍스트의 정의("쓰기에 의해서 고정된 담화")에 근거해 그 중요한 한 특성인 담화의 측면을 살펴보았다. 텍스트의 두 번째 특성은 그것이 "쓰기에 의해 고정되었다(fixed by writing)"는 점이다. 말하기와 텍스트는 둘 다 담화에 속한다는 점에서 유사하다. 말하기와 텍스트를 구별하는 요인은 텍스트는 고정되었다는 사실이다.[34] 예를 들어 어떤 교수가 강의를 하고 있는 것을 학생이 필기를 하는 경우, 그 강의는 고정이 된다. 또 어떤 목사가 설교하는 것을 녹화했을 경우, 그 동영상은 고정이 된다.[35] 담화가 텍스트로 변하면서, 담화가 갖고 있던 사건으로서의 성격은 사라지거나 약화되고, 또한 담화의 의미의 한 축이었던 지시 관계에도 문제가 생긴다.

---

34) 리쾨르는 구어문화와 문자문화의 차이에 대해서는 깊은 논의를 하지 않는다. 옹(Walter Ong)에 의하면 문자의 발명과 인쇄술의 보급은 단순히 편리성만을 인간에게 가져다 준 것이 아니고 인간의 사고방식을 바꾸었다고 한다. 문자에 익숙한 사람들은 생각을 하거나 말을 할 때에도 문자에 의존하게 된다고 한다. 상황으로부터 자유로운(context-free) 언어라던가 자율적인 담론(autonomous discourse)과 같은 개념들은 텍스트 해석학에서 뿐 아니라 문화인류학에서도 중요한 것으로 여겨진다. 참고: 월터 옹,『구술문자와 문자문화』(문예출판사, 1996), 123-; 그는 문자의 역사에서, 특히 "알파벳의 역사에서 가장 중요한 성과는 1443년 조선의 왕 세종이 한국인을 위해 알파벳을 고안하라고 칙령을 내렸을 때 이룩되었다"라고 한다. 리쾨르는 주로 텍스트의 해석 과정에 관심을 두지만 텍스트의 생성 과정도 앞으로 깊이 연구해봐야 할 중요한 주제이다. Ibid., 143-144.

35) 동영상이 텍스트가 될 수 있느냐는 의문이 생기겠지만, 리쾨르는 텍스트를 매우 폭넓게 정의하고 있으며, 그의 해석학의 탁월성은 이와 같은 텍스트 개념의 확장성과 이에 따른 텍스트 해석학의 적용의 확장성에 있다고 해도 과언이 아니다. 이 점에 대해서는 나중에 자세히 살필 것이다.

고정되었다는 것은 단순한 물리적 변화처럼 보이지만, 리쾨르에 의하면 이 고정되는 과정을 통하여 담화는 엄청나게 많은 변화를 겪게 된다. 말하기의 담화를 비교해 볼 때 텍스트가 된 담화는 다음과 같은 특징을 갖고 있다.

첫째, 텍스트는 저자의 의도로부터 독립된다. 텍스트는 저자의 물리적 세계를 초월하게 된다. 말할 때는 화자와 청자 간의 대화적 상호 작용이 있다. 화자는 현장에서 자신이 말하는 것의 의미에 대한 절대 권한을 가진다. 말은 항상 화자를 지시한다. 그러나 텍스트에서 저자는 더 이상 텍스트의 의미에 대해서 권한을 갖고 있지 않다.[36] 텍스트는 저자와 시공적으로 독립해 있으므로 더 이상 텍스트는 직접적으로 저자를 지시할 수도 없다. 텍스트의 의미와 저자의 의도의 단절은 담화가 고정됨으로써 생기는 매우 중요한 변화 중의 하나다.

예를 들어 교수가 강의를 하는 중에는 강의의 내용이 갖는 의미를 결정하는 것은 교수다. 내용에 대한 질문이 있을 때 그 답을 줄 수 있는 사람은 강의자이고, 그것에 대해 누가 이의를 제기할 수 없다. 물론 강의자가 잘못된 정보를 갖고 있거나, 잘못 이해하여 틀린 내용을 전달할 경우가 있다. 그러나 그런 경우라 할지라도, 강의자가 스스로 수정해야 한다는 의미에서 여전히 강의자가 결정권을 갖고 있다. 그리고 강의를 들을 때 제일 중요한 것은 강의자의 의도를 이해하는 것이다. 그러나 강의의 내용을 책으로 출판했다면, 강의자는 더 이상 책의 내용에 대해 간섭할 수 없다. 쓰기라는 것은 저자가 더 이상 화자이기를 포기하고, 텍스트의 저자에게 모든 것을 위임하는 것이다. 강의자는 텍스트가 말하는 한도 내에서 텍스트의 의미를

36) Paul Ricoeur, *Interpretation Theory* (Fort Worth: Texan Chistian University Press, 1976), 29.

규정할 수 있지, 텍스트 밖에서 텍스트의 해석에 간섭할 수 없다.

둘째로, 텍스트는 그것이 만들어진 상황으로부터 독립한다. 말하기에서는 "이곳", "저곳", "이것", "저것"과 같은 지시어에 대해 고정된 지시대상이 존재했었다. 그러나 텍스트에서는 그와 같은 저자와 독자가 공유하는 상황이 존재하지 않는다. 실물지시적 관계(ostensive reference)는 텍스트에서 파기된다.

강의의 경우를 예로 들어 계속 설명해보자. 강의자가 강의를 할 때 그 날의 날씨에 대해 언급할 수도 있고, 당시 큰 관심이 되는 시사적인 문제에 대해 언급할 수도 있다. 또한 강의 속에는 상황에 대한 여러가지 조건들이 전제가 되고 반영이 되어 있다. 강의가 대학교의 강의실에서 이루어지는 것인지, 어떤 정책 결정을 위해 열린 공청회에서 이루어지는 것인지, 강의를 듣는 사람들의 선이해는 어느 수준인지, 그들의 기대는 무엇인지 등 셀 수 없는 많은 요소들이 말하기로서의 담화가 사건으로 일어나는 현장에는 전제가 되어 있다. 강의자는 그런 것들을 일일이 열거하지 않지만 의도적으로 혹은 무의식적으로 그 환경을 고려하여 효과적으로 강의를 하려고 한다. 그러나 강의가 텍스트가 된 다음에는 그와 같이 공유된 상황이 없어진다. 담화가 말해진 시간과 텍스트가 된 담화를 읽는 순간 사이의 시간이 멀어질수록 독자는 뜻을 모르는 표현에 당황하게 되고, 가능한 한 많은 정보를 얻기 위해 필요한 조사를 해야 한다. 담화가 텍스트가 되고 나서의 변화된 관계를 다음의 도표 3과 도표 4를 통해서 확인할 수 있다.

셋째로, 텍스트는 청자에 대해서도 독립한다. 말하기에서는 화자와 청자 사이에 얼굴을 맞대는 관계가 성립한다. 그러나 텍스트에서는 고정된 청자가 존재하지 않는다. 텍스트는 불특정의 무한한 청자에게 열려 있다. 말하

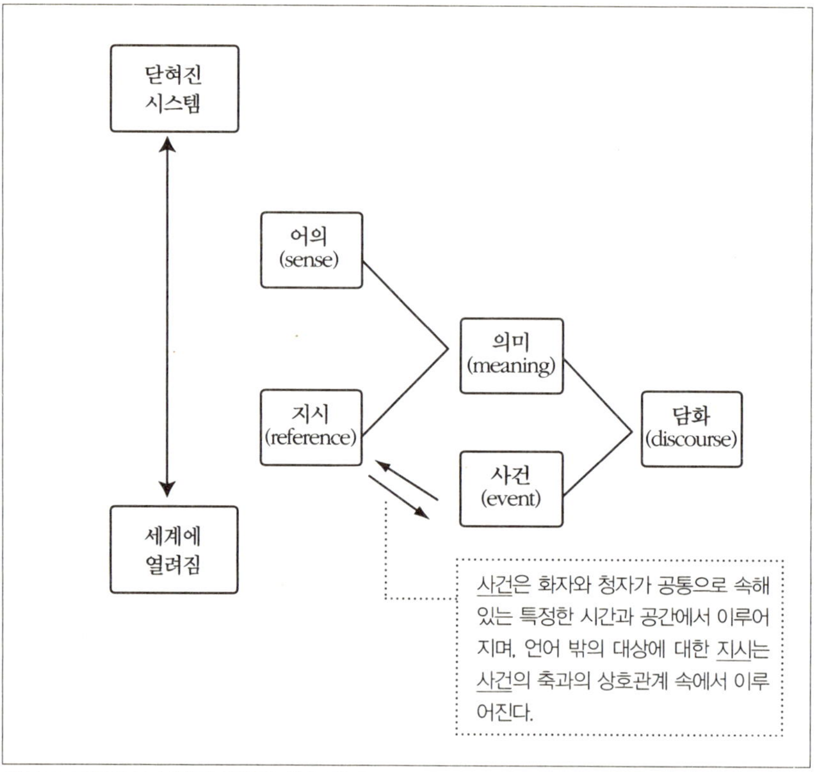

도표 3. 담화에서 사건과 지시의 상호 관계

기에서는 청자의 숫자가 강의실의 크기로 제한되어 있다. 그러나 일단 담화가 텍스트가 되고 나면 이론적으로 무한한 숫자의 독자가 텍스트를 읽을 수 있는 가능성이 있다. 따라서 화자가 알고 있는 청자가 아니고 전혀 짐작할 수 없는 독자에게 담화의 내용이 전달되는 변화된 상황을 텍스트는 만들어 낸다.

이와 같이 텍스트가 저자의 의도, 본래의 상황, 본래의 청자로부터의 삼중적으로 독립한다는 것은 언뜻 생각하면 좋지 않은 쪽으로의 변화인 것 같다. 말하기 중에는 청자의 입장에서는 들은 내용이 모호할 때 질문을 할 수도 있고, 또 화자의 입장에서는 청자의 반응을 고려하면서 이야기를 할 수 있다. 그리고 무엇보다도 공유하는 상황을 통해 효과적으로 의미를 전달할 수 있다. 그러나 텍스트에는 원래 없었던 담화와 지시 대상들 간의 거리가 생겼고, 또 말해지지 않는 많은 상황들을 독자가 나름대로 각각 해석함으로 의미가 왜곡될 가능성이 높아졌다. 담화의 목적이 의미의 전달이라

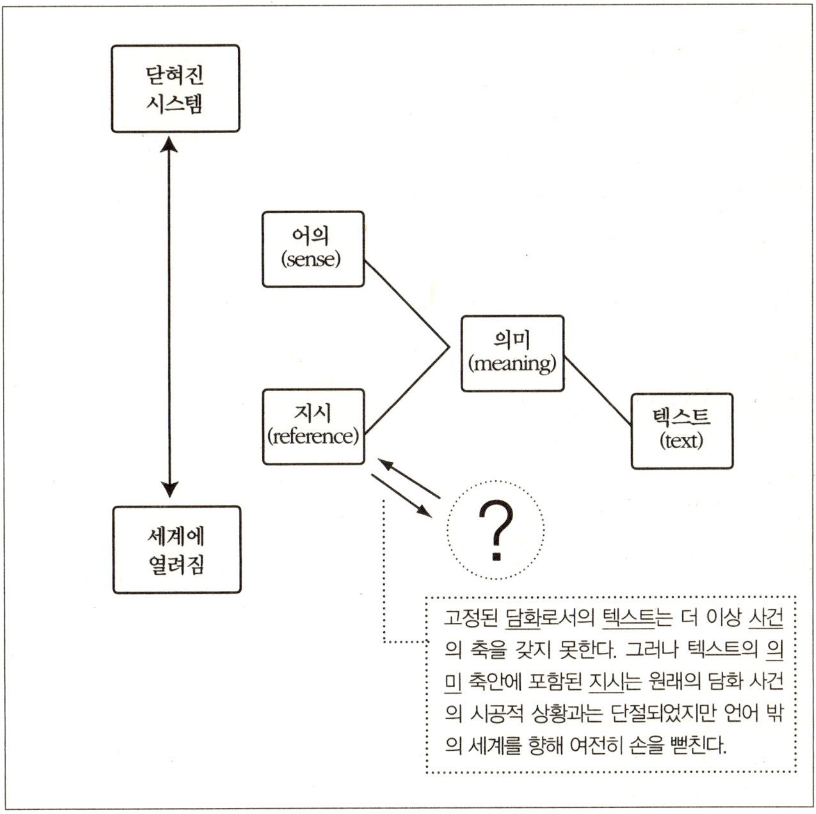

도표 4. 담화가 텍스트가 됨으로 상실된 사건의 축

면 분명 담화가 텍스트가 되는 것은 모두에게 불리한 변화인 것 같다. 그런데, 리쾨르는 이와 같은 변화가 담화에게 불리한 변화가 아니고 유리한 변화라고 주장한다. 과연 어떤 근거에서 그런 주장을 하는 것일까?

3) 텍스트의 세계

지금까지 텍스트가 갖게 되는 삼중의 독립에 대해 살펴보았다. 이 독립성을 통하여 담화는 말하기 단계에서 존재했었던 세 가지 관계를 상실하게 되었는데, 리쾨르에 의하면 텍스트의 해석은 이 상실된 관계를 회복하는 과정이다. 텍스트는 원래의 지시대상들을 상실하였지만, 그렇다고 텍스트의 해석이 지시대상들을 완전히 무시할 수는 없다. 리쾨르에 의하면 글쓰기로 인한 일차적이고 직접적인 지시 관계의 상실은 이차적 지시 관계가 성립하기 위한 조건이다. 이 이차적 지시 관계는 일차적 지시 관계와는 달리 실물적 대상에 얽매이지 않는, 직접적 경험의 세계를 초월하는 대상 관계이다.[37] 리쾨르는 이러한 기능을 "지시 범위의 확장(extension of the scope of the reference)"이라고 명명한다.[38] 텍스트의 해석은 바로 이와 같은 지시의 범위의 확장을 통하여 텍스트 내의 지시들이 그 확장된 지시 대상들을 찾아 새로운 관계를 형성하는 것이라고 말한다. 이때 지시 대상은 실물적 대상이 아니기 때문에, 지시 대상과의 관계가 이루어지는 세계

37) Paul Ricoeur, *Hermeneutics of Human Sciences: Essage on Language Action and Interpretation,* Edited by John B. Thompson(Cambridge: Cambridge University Press, 1981), 141.

38) Ricoeur, *Interpretation Theory*, 36.

는 가능의 세계이다. 이런 의미에서 볼 때, 텍스트를 이해한다는 것은 텍스트의 어의(sense)를 근거로 지시(reference)로 이동하는 것, 즉, 텍스트가 무엇을 말하느냐에서 텍스트가 무엇에 대하여 말하는가로 이동하는 것이고, 그 "무엇에 대하여"의 대상들은 원래의 저자와 청자와 상황이 속한 세계에서 찾아지는 것이 아니고, 독자 앞에 열려진 세계에서 찾아지는 것이다.[39]

이 지시 대상의 확장을 통하여 텍스트는 말하기가 갖지 못했던 여러 특징들을 갖게 된다. 텍스트는 말하기처럼 원래의 지시 관계에 얽매이지 않는다. 텍스트를 통하여 인간은 시공적 상황을 초월할 수 있다.

이와 같은 지시 범위의 확장은 삼중적 독립과 연관하여 구체적으로 나타난다. 저자와의 관계에 있어서, 텍스트는 더 이상 저자의 의도에 구속되지 않는다. 저자는 다만 텍스트 안에 존재하는 범위 안에서만 그 존재의 의의를 갖는다. 저자를 만날 장소는 텍스트 안 말고 다른 곳에는 없다.[40] 담화가 고정 되기 이전의 말하기 상황에서는 담화의 의미가 한 가지였다. 즉 화자의 의도가 담화의 의미였고, 그 외의 다른 의미로 담화를 해석한다면 그런 것은 전부 틀린 해석이었다. 그러나 텍스트의 경우, 텍스트가 정해준 범위 안에서 저자의 의도는 다양한 의미로 해석될 수 있는 가능성이 열려졌다. 독자가 텍스트의 의미를 파악하는 과정은 수동적이거나 회고적이 아니다. 즉 독자는 저자가 텍스트의 뜻이 무엇이라고 정해주는 것을 그대로 받아들여야 하는 것도 아니고, 원래 담화의 상황에서 저자의 의도가 무엇이었는지를 찾기 위해 과거로만 시선을 돌려야 하는 것도 아니다. 리쾨르는 독서란 능동적 행위이고 미래에 대한 투사라고 말한다. 텍스트가 정해준

39) Ricoeur, *Hermeneutics and Human Sciences,* 218.

40) Ibid., 141.

범위를 넘지 않고도 저자의 의도를 수없이 많은 다른 뜻으로 해석할 수 있다. 독자의 역할은 이 점에서 청자의 역할보다 훨씬 능동적이다. 저자의 원래의 의도에 집중하는 태도는 고고학에 비교할 수 있다. 그러나 원래의 청자와의 관계에 있어서, 텍스트는 청자로부터 독립하여 불특정하고, 무한하며, 보편적인 청중을 갖게 된다. 담화는 더 이상 제한된 청자와의 관계성 속에 갇혀 있는 것이 아니고, 가능성 있는 독자에게 열려 짐으로, 텍스트의 청자가 창조되는 것이다. 텍스트와 현재 독자 사이의 관계가 직접적으로, 그리고 즉각적으로 형성되게 된다. 텍스트 이외의 것에 영향을 받지 않은 채, 독자는 텍스트를 각각 다르게 읽을 수 있다. 이론적으로 상이한 독서가 무한히 가능해진다.

원래의 상황과의 관계에 있어서, 텍스트는 그 상황에서 독립함으로 텍스트 속에 있는 지시 관계들은 독서 시 새로운 상황을 향하여 손을 뻗게 된다. 여기서 찾아지는 새로운 상황은 더 이상 원래의 청자의 세계에 속한 상황이 아니라, 독자의 세계에 속한 것이다. 텍스트와의 대화를 통하여 독자는 자신의 세계에 새로운 상황을 여는 것이고, 이로 인해 독자의 세계가 변형되게 된다. 리쾨르의 표현에 의하면 "글쓰기를 통하여 비로소 인간은 환경(situation)이 아닌 세계(world)를 갖게 된다."[41] 리쾨르의 다음 표현과 같이 독서는 새로운 의미의 세계의 창조인 셈이다.

> 이처럼 세계와의 관계를 소거함으로써 각각의 텍스트는 발화 시점의 말에 의해 지시되는 환경적 실재를 대체하는, 다른 모든 텍스트들과의 관계 속으로 자유롭게 들어가게 된다. 우리가 말할 때 있었던 세계의 소실 때문에

41) Ricoeur, *Interpretation Theory*, 36.

생기게 된 텍스트와 텍스트 간의 관계는 유사세계(quasi-world) 즉 문학(literature)을 만들어내게 된다.[42]

결국 리쾨르에 의하면 텍스트를 이해한다는 것은 원래의 저자, 청자, 상황을 상실한 텍스트에게 새로운 저자의 의도, 청자, 상황과 관계를 맺게 해주는 것이다. 이것을 한 마디로 표현하면, 텍스트를 이해한다는 것은 텍스트가 투사(project)하는 세계로 들어가는 것이다. 이 때 세계는 비실물적 지시관계(non-ostensible reference)로 이루어지는데, 그 이유는 이 세계는 사실의 세계가 아니라 하나의 가능 세계(possible world)이기 때문이다.

4) 텍스트 개념의 확장

지금까지 텍스트의 특성을 그 정의를 분석하여 살펴보고, 텍스트의 해석이란 텍스트가 투사하는 세계로 들어가는 것이라는 것을 살펴보았다. 리쾨르의 텍스트 해석학의 구체적인 내용을 더 깊이 검토해보기 이전에 리쾨르는 텍스트라는 용어를 매우 폭넓은 의미로 사용하고 있다는 것을 지적할 필요가 있다.

그의 텍스트의 정의를 폭넓게 적용하자면, 발화 사건을 통해 생성된 언어적 표현이 원래의 시간과 공간에서 독립하여 고정될 때 모든 것이 텍스트로 간주될 수 있다. 이렇게 본다면, 노래, 신화, 우화 등의 구어전승도 텍스트라고 볼 수 있다. 이런 것들은 비록 글자로 써지지는 않았지만 일정한

42) Ricoeur, *Hermeneutics and Human Sciences*, 149.

형식과 구조에 의해 원래의 상황에서 독립하여 고정된 형태로 회자된다. 또한 그림, 조각, 건축물, 제의, 종교의식 등도 텍스트로 여길 수 있다. 그것들도 원래 제작되었을 때의 작가의 의도와 상황이 있었겠지만, 지금 우리 앞에는 그 상황과는 떨어져서 독립된 텍스트로 존재할 뿐이다. 녹음, 촬영 등의 현대적인 매체를 통해 고정된 발화는 물론 당연히 텍스트가 된다. 그런 의미에서 TV, 영화, 연극, 연주 등 텍스트가 되지 못할 것이 없을 정도다. 어떻게 보면, 원래의 의미가 생산되는 현장에서 한 순간이라도 지나면 그것은 텍스트로서의 특성을 갖게 된다. 그러니 과거에 일어난 모든 것은 텍스트로서의 특성을 가진다고 할 수 있다.

리쾨르의 해석학이 가지는 중요성은 바로 이 텍스트 개념의 확장에 있다. 텍스트의 개념을 이렇게 넓게 확장하고, 모든 텍스트에 적용할 수 있는 해석학을 발전시킴으로써, 리쾨르는 여러 학제간에 심도있는 대화가 오갈 수 할 수 있는 가능성을 열어 주었다.

5) 설명과 이해의 해석학적 순환

지금까지 우리는 "텍스트는 쓰기에 의해서 고정된 담화"라는 정의에서 시작하여, 텍스트가 갖고 있는 여러 특징에 대해 살펴보았다. 텍스트는 원래의 저자의 의도, 그리고 청중과 상황에서 독립하게 되고, 독자는 텍스트를 읽음으로써 텍스트와 독자 사이에 텍스트가 투사하는 세계가 창조된다고 하였다. 그런데, 여기에 한 가지 중요한 문제가 있다. 텍스트가 창조한 세계가 잘못된 세계라면 어떻게 할 것인가? 텍스트가 독자에 의해 잘못 해석될 수 있는 가능성은 없는가? 독자는 자신이 원하는 쪽으로 맘대로 텍스트를 해석해도 된다는 말인가? 아니면 독자에게 자유가 주어졌더라도 어떤 한계가 있는 것인가? 정당한 해석의 기준은 없는 것인가? 이런 문제가 리쾨르에게는 매우 중요한 주제였다. 그는 설명과 이해의 해석학적 순환을 통해 이 문제에 대한 해명을 한다.

리쾨르의 해석학의 특징을 이해하기 위해서는 그의 해석학이 이전의 해석학, 특히 낭만주의적 해석학과 어떻게 다른지를 살펴보는 것이 필요하다.[43] 낭만주의 해석학에서는, 이해(understanding)와 설명(explanation)을 존재론적으로, 또한 인식론적으로 명백하게 구분한다. 설명은 자연과학의 실재에 적합한 해석학이고, 이해는 인간의 기호들, 혹은 인문과학의 대상에 적합한 해석학이라고 구분한다.[44]

리쾨르는 이러한 이원론에 반대하며, 해석이라는 것은 본질적으로 같은 특성과 과정을 포함한다고 말한다. 그는 설명과 이해는 각각 다른 해석의 방법이 아니고, 모든 해석에 필요한 각각 다른 단계라고 주장한다.[45] 따라서 그의 텍스트 해석학에는 이해와 설명이 모두 포함된다.

리쾨르에 의하면 해석은 이해와 설명이라는 두 과정을 포함한다. 해석의 첫 번째 단계는 텍스트를 소박하게 그냥 이해하는 것이다. 이는 그의 상징의 해석학의 1차적 순진성(the first naïveté)과 유사한 것으로, 해석의 과정이 시작하는 단계를 말한다. 어떤 해석이든 해석해야 할 텍스트를 처음 접할 때 우리는 우리가 그 텍스트에 관해 이미 알고 있는 것으로부터 해석을

43) Ricoeur, *Interpretion Theory*, 71.

44) 특히 이 입장은 Wilhelm Dilthey에게서 두드러지게 나타난다. Ricoeur, *Hermeneutics and Human Sciences*, 150-151.

45) Ricoeur, *Hermeneutics and Human Sciences*, 150.

시작하게 된다. 그 텍스트가 쓰여진 언어가 무엇인지, 그것이 어떤 장르에 속하는지, 저자가 어떤 사람인지, 어떤 시기에 쓰여진 것인지, 지금까지 어떻게 해석이 되어 왔는지 등 독자는 텍스트에 대한 해석을 본격적으로 진행하기 이전에 이미 텍스트에 대해 많은 정보를 갖고 있다. 처음 텍스트를 접할 때, 독자는 자신이 갖고 있는 정보를 다 활용하여 그 텍스트의 의미에 대해 나름대로 어떤 이해를 하게 된다. 이와 같이 이미 갖고 있는 선이해(preunderstanding)를 통해 텍스트의 의미를 파악하는 것은 추정(guess)의 성격을 띠고 있다.[46] 추정, 혹은 짐작은 텍스트의 의미를 파악하는데 필수적인 첫 번째 단계이다. 왜냐하면 텍스트의 의미는 무한한 가능성 앞에 열려 있는데, 텍스트 전체를 하나의 통일된 단위로 파악하지 않고서는 해석을 시작할 수 없기 때문이다. 텍스트의 세부 사항에 대해서는 아직도 충분한 정보를 갖고 있지 않지만, 지금 가능한 정보를 최대한 활용하여서 텍스트 전체의 뜻을 추정하는 것이 바로 이 필수적인 첫 번째 단계에서 일어난다.

이 단계를 좀 더 정확하게 이해하기 위해서 예를 들어보자. 우리가 어떤 영화를 볼 때, 사전에 특별한 정보가 없어도 영화를 보면서 영화 전체에 대한 나름대로의 생각을 하게 된다. 즉 영화가 어떻게 끝 날것이라는 추정을 자연스럽게 하게 된다. 이 예측은 영화가 속한 장르, 배우와 감독, 신문의 평, 영화의 소재 등 다양한 정보에 의존하여 가능하다. 이런 예측이 없으면 반전의 효과도 있을 수 없고, 영화의 줄거리를 일목요연하게 파악할 수도 없다. 영화가 진행되면서 놓치는 부분도 있고, 일부러 감독이 알려주지 않

46) Ricoeur, *Interpretation Theory*, 75.

는 부분도 있다. 그렇지만 영화를 보는 사람은 처음 가졌던 영화 전체에 대한 그림을 영화가 진전되면서 계속 수정해나가고, 또 그 수정된 영화 전체의 줄거리에 입각해서 각 장면의 뜻을 파악하려고 노력한다.

두 번째 단계인 설명은 짐작한 것을 확인(validation)하는 단계이다. 이러한 확인 과정은 무턱대고 아무렇게나 이루어지는 것이 아니고, 첫 번째 단계에서 형성된 텍스트 전체의 뜻에 대한 추정의 그림 안에서 이루어진다. 첫 번째 추정은 충분한 조사를 통해 얻어진 정보를 갖고 만들어지지 않았기 때문에, 첫 인상으로 파악한 텍스트의 의미가 적절한 것인지를 확인해야한다. 이 단계는 텍스트에 대한 엄정한 과학적 탐구의 과정이다. 설명을 통해 이전에는 몰랐던 사실이 밝혀지면, 첫 번째의 추정에서 부분적으로 수정해야 하는 것이 생긴다. 그러면 텍스트 전체에 대한 이해가 수정이 된다. 이렇게 수정된 텍스트 전체의 그림은 또 다른 종류의 질문을 낳거나 확인을 요청하게 되고 또 다시 설명의 단계가 작동하게 된다. 리쾨르는 이런 과정을 가다머(Hans George Gadamer)가 유명하게 만든 용어를 빌어 해석학적인 순환(hermeneutic circle)이라고 명명한다.[47] 해석학적 순환이라는 용어를 처음 사용한 사람은 슐라이에르마허(Schleiermacher)였다. 그는 전체와 부분, 부분과 전체 간의 순환적인 운동이 반복됨으로 해석이 이루어진다고 주장했다. 텍스트 전체의 의미를 파악하는 것은 이해의 과정이고, 텍스트 부분의 세부사항을 확인하는 것은 설명의 과정이다. 만일 설명의 과정에서 이해의 과정에 적절하지 않은 것이 있다는 것이 밝혀지면, 그 이해는 수정이 되거나 어떤 경우는 완전히 다른 이해로 대체가

---

47) Ricoeur, *Hermeneutics and Human Sciences*, 68-69.

된다. 리쾨르는 이 설명의 과정에서는 개연성(probability)과 반증가능성(falsifiability)의 논리가 기본적 원리로 작동한다고 말한다.[48)]

리쾨르의 텍스트 해석학에 따르면, 이 설명의 과정은 낭만주의적 해석학에서 자연과학에만 적용하였던 설명과는 구별되는 특징을 갖게 된다. 낭만주의 해석학에 따르면 설명은 검증(verification)의 과정이다. 어떤 이론이나 주장에 대한 검증이 과학적인 엄격성을 갖기 위해서는 그것이 경험에 근거해 있어야 한다. 경험적 검증(empirical verification)은 설명에서 매우 중요한 것이고, 그것이 가장 잘 구현되는 것은 바로 자연과학의 영역이다. 그러나 리쾨르는 말하기를 텍스트 해석에 있어서 과학적 엄정성은 경험을 통해 검증될 수 있는 것들을 분석함으로써만 이루어지는 것이 아니고, 텍스트의 구조를 분석함으로써 얻어진다.[49)]

텍스트는 외부와는 단절된 그 자체의 닫힌 세계로 간주될 수 있고, 그 내적 관계에 대해 과학적인 분석을 할 수 있다. 이런 분석은 기하학적인 정확성을 갖고 수행될 수 있다고 리쾨르는 말한다. 외부 세계에 대해 어떤 관계를 갖고 있느냐를 묻기 전에 텍스트의 내부 세계가 갖고 있는 각 단위 간의 내적 관계를 파악하는 것은 텍스트의 해석에서 필수적인 단계이다. 이 과

48) Ibid., 213

49) "This dialectic between guessing and validating is the realisation at the textal level of the micro-dialectic at work in the resolution of the local enigmas of a text. In both cases, the procedures of validation have more affinity with a logic of probability than with a logic of empirical verification . more affinity, let us say, with a logic of uncertainty and qualitative probability. Validation, in this sense, is the concern of an argumentative discipline akin to the juridical procedures of legal interpretation." Ricoeur, *Hermeneutics and Human Sciences*, 175.

정을 통해 텍스트의 어의(sense)가 점점 명확해진다.

이 점을 다시 예를 들어 설명해 보자. 영화를 한 번 보고나서 영화를 다 이해했다고 생각했다가, 나중에 그 영화를 다시 보니, 영화가 주는 다른 깊은 의미를 발견하게 되는 경우가 있다. 영화를 더 잘 이해하기 위해서는 영화를 여러 번 보면서 영화 속의 모든 장면들이 어떤 관계성을 갖는지 자세하게 살펴봐야 한다. 영화 밖으로는 전혀 관심을 돌리지 않은 채(예를 들어 이 영화가 실화에 바탕을 두었나, 이것이 과학적으로 설명이 되나 등의 질문을 하지 않고) 영화 속에서 모든 인물, 대사, 사건, 장면들이 어떤 관계를 갖는지를 파악해야 한다. 그리고 이 모든 것을 담고 있는 영화의 세계는 어떤 성격의 세계인지에 관심을 두어야 한다. 어떤 영화를 한 두 번 본 사람과 수십 번 본 사람은 분명히 영화의 의미를 이해하는데 차이가 있을 것이다.

리쾨르가 텍스트 내부의 세계에 관심을 둔다는 점에서 우리는 그가 소쉬르 등의 구조주의적 언어관을 완전히 하지 않고, 그것을 그의 해석학 체계 속의 중요한 한 부분으로 포함시켰다는 것을 확인할 수 있다. 소쉬르는 파롤(parole)로서의 언어는 너무 다양하고 일관성이 없어서 과학적으로 탐구할 수 없다고 지적하고, 하나의 과학으로서의 언어학은 랑그(langue)에 집중할 수밖에 없다고 주장했다는 것을 앞에서 지적한 바 있다. 리쾨르는 이런 주장을 충분히 수용하였지만, 그 주장을 그의 해석학적 체계의 한 부분으로 정착시킨 것이다.

리쾨르에 의하면, 설명은 또 다른 성격의 과정을 포함한다. 텍스트는 원래의 저자, 청자, 상황으로부터 분리되어 독립했지만, 텍스트가 기억하고 있는 그 원래의 관계를 완전히 무시하고 텍스트를 해석할 수는 없다. 텍스트를 해석하는 과정은 필연적으로 텍스트가 기억하고 있는(텍스트 안에 포함 된) 원래의 저자와 청자와 상황을 재구성하는 것이 포함된다. 이 과정은 필연적으로 원래의 담화의 생산 과정을 재구축하는 작업이 동반된다. 원래의 상황이 어떠했는지를 알기 위해, 역사적인 문서를 조사한다거나, 고고학적인 발굴을 한다거나, 다른 문서와 대조한다거나, 유사한 문화적 상황과 비교하는 등, 텍스트의 성격에 따라서 객관적인 사실 확인을 위해 다양한 방법이 동원될 수 있다. 리쾨르는 이런 과정 역시 과학적인 엄정성의 원리에 따라 수행되는 설명의 과정이라고 말한다. 이런 설명의 과정을 통해 텍스트에 대한 오해의 가능성이 점점 줄어들게 된다. 앞의 예를 계속 적용해 보자. 영화를 수십 번 보는 것만으로 영화의 의미를 완벽하게 파악할 수는 없을 것이다. 영화를 더 깊이 이해하려면 영화 밖의 세계에 눈을 돌려야 한다. 영화 감독이 어떤 다른 영화들을 만들었는지, 그의 사상은 어떠한지를 살펴봐야 하고, 영화가 제작되었을 시기의 시대적인 풍조에 대해서도 알아 봐야 한다. 판타지 영화가 아니라면 영화가 다루고 있는 시대와 지역, 사건에 대해 많이 알수록 영화를 깊이 이해할 수 있다.

이렇게 설명을 통해 텍스트의 어의(sense)와 지시 관계(reference)가 점점 명확해지면서 텍스트는 독자에게 규범적 의미(ideal meaning)를 제시하게 된다. 규범적 의미라는 용어는 슈나이더스(Sandra Schneiders)가 소개한 것인데, 리쾨르 자신의 용어는 아니지만 리쾨르의 텍스트 해석학의 핵심을 표현하고 있는 중요한 용어이다. 규범적 의미는 "해석의 기초가 되고 작동 원리가 되는 객관적인 축으로서, 해석은 그 축을 향해 진행된다. 이 축은 동일한 텍스트를 해석하는 모든 독자들이 공유하고 있는 축으로, 모든 타당한 해석들은 각각 다양성을 갖는다 해도 이 축을 통해 가족유사

성과 비슷한 공통점을 갖게 된다." [50)]

설명을 통해 텍스트의 규범적 의미가 발견되었지만, 이것으로 텍스트의 의미가 확정된 것은 아니다. 규범적 의미는 사실상 가능한 해석의 최대 외연이라고 볼 수 있다. 즉 텍스트 자체의 어의(sense)를 거스르지 않고, 그리고 담화의 원래 생산 과정에 대한 과학적 탐구를 통해 얻게 된 정보를 무시하지 않으면서 텍스트의 의미를 어떻게 해석할 수 있느냐라는 과제에서, 규범적 의미는 넘어서는 안 될 울타리를 제공하고 있는 셈이다. 이 울타리를 넘어서는 해석은 객관적으로 확실하게 잘못된 해석이라고 배제할 수 있는 근거가 생긴다. 그러나 이 울타리 범위 안에서는 매우 다양한 해석이 가능한데, 그 모든 해석들은 적어도 객관적으로 잘못된 해석이라는 비난을 받지는 않는다. 설명의 과정이 반복될수록 점점 이 울타리의 범위는 좁혀지게 된다. 충분히 설명의 과정을 거치지 않고 해석을 종료한다면 그것은 해석을 하기 위해 필요한 숙제를 하지 않는 것과 같다. 그러나 아무리 좁혀져도, 딱 한 가지의 해석이 가능할 정도까지 좁혀질 수는 없다. 왜냐하면 그것은 오직 단 한번, 담화가 최초로 생산된 순간에만 가능한 일이기 때문이다.

규범적 의미의 개념을 조금 더 명확하게 하기 위해 예를 계속 들어보자.

---

50) "[Ideal meaning is] an objective pole that grounds and governs interpretation, toward which valid interpretation is oriented, and that is commonly available to all interpreters of the same text and can thus ground at least a family resemblance among diverse valid interpretations." Sandra Schneiders, *The Revelatory Text - Interpreting the New Testament As Sacred Scripture* (Harper: San Francisco, 1991), 145; 슈나이더스는 규범적 의미라는 용어를 리쾨르의 해석학을 분석하면서 만들게 되었다. 그녀의 이 책은 리쾨르의 해석학을 신학성서학에 적용한 것이다.

우리가 감상하는 영화가 이탈리아 감독 베니니(Roberto Benigni)의 "인생은 아름다워"라고 가정을 해보자.[51] 이 영화를 보고 영화의 의미에 대해 많은 해석이 있을 수 있다. 어떤 사람은 이 영화는 환경의 지배를 받지 않고 사는 인간의 고귀한 정신을 그리고 있다고 해석할 수도 있고, 자신을 희생하면서까지 아들을 사랑하는 부성을 그리고 있다고 해석할 수도 있으며, 아들에게 거짓말을 해서 아들이 더 비참한 죽음을 당할 수도 있게 한 어리석은 아버지에 대한 이야기라고 해석할 수도 있다. 그러나 이 영화를 보고, 이것은 무인도에서 혼자 살아가는 사람의 고독을 그린 이야기라거나, 연쇄살인범을 추적하는 형사의 집요함을 그린 영화라고 해석을 하면 그것은 전혀 타당한 해석이 될 수 없다. 이 마지막 두 해석은 규범적 의미의 범위를 넘어가 버린 것이다. 그렇지만 감독의 의도와는 반대로 귀도를 나쁜 아버지로 해석할 수도 있고, 선의의 거짓말을 죄악으로 판단하는 해석을 할 수도 있다. 슈나이더스에 의하면 올바른 해석과 잘못된 해석을 객관적으로

51) 1995년 슈나이더스 교수는 미국 Graduate Theological Union에서 개설한 강의에서 규범적 의미를 설명하기 위해서 The Fried Green Tomato라는 영화를 예로 들었다. 필자는 "인생은 아름다워"를 예로 들어보려고 한다. 이 영화는 1930년대 무솔리니가 지배하던 이탈리아를 배경으로 어떤 유태인 가정의 이야기를 그린 영화다. 아버지 귀도와 다섯 살짜리 아들 죠슈아는 유태인 포로 수용소에 갇혀 생활을 하게 된다. 귀도는 아들에게 자신들이 처한 현실은 하나의 신나는 게임이라고 말한다. 그리고 자신들은 특별히 선발된 사람들이며 1,000점을 먼저 받은 사람이 1등 상으로 탱크를 받게 된다고 꾸며낸 이야기를 한다. 죠슈아는 그것을 끝까지 믿고 살아나 결국 연합군이 진주한 후 어머니와 재결합하게 된다. 귀도는 아들을 살리려다 죽음을 당한다. 영화의 마지막 장면에서 노인이 된 죠슈아는 아버지가 꾸며서 자신에게 해 준 이야기가 아버지가 주신 귀한 선물이며, 아버지의 희생이 자신을 살렸음을 회고한다. "Life Is Beautiful," 1998년 개봉, 114분. Roberto Benigni감독, Roberto Benigni, Nicoletta Braschi, Giorgio Cantarini 주연.

구분할 수 있는 것은 바로 이 규범적 의미이다. 그러나 규범적 의미의 범위 안에 속하는 해석의 경우 어떤 것은 옳고, 어떤 것은 그르다고 말할 수 없는 것이다. 그 범위 안에서는 다양한 해석이 가능하다.[52)]

설명에서 이해로, 이해에서 설명으로는 순환운동을 반복하면서 점점 더 텍스트의 의미가 모양을 갖추게 되는데, 리쾨르에 의하면, 이 해석학적 순환을 통해서 이루어지는 것은 바로, 텍스트가 갖고 있는 지시 관계(reference)가 그 대상을 찾아가는 과정이라고 한다. 설명의 과정을 통해서 일정한 지시 관계는 객관적으로 복원이 되었다. 그러나 여전히 대부분의 지시 관계는 아직 대상을 찾지 못하고 있다. 독자가 텍스트를 읽을 때, 대상이 없는 지시 관계를 무시하고 읽는 것이 아니고, 각자 나름대로 그 대상이 어떨 것이다라고 상상을 하게 되는데, 바로 이런 상상 과정, 즉 일차적인 대상을 상실한 지시 관계에 이차적 대상을 연결해주는 과정이 바로 텍스트 해석의 가장 중요한 측면이라는 것이 리쾨르의 입장이다. 텍스트가 갖고 있는 지시 지향성(referential power)은 더 이상 과거의 원래 상황으로 향하지 않고, 텍스트와 독자가 공유하는 세계를 향해서 손을 뻗치게 된다. 즉 텍스트는 텍스트 뒤의 세계로 돌아가려는 것을 멈추고, 텍스트 앞으로 뻗어 나가게 되는 것이다. 이 과정을 통해서 독자의 세계에는 그 전에는 없던 관계들이 생기게 되고, 이로 인해 독자는 새로운 세계에 살게 된다. 텍스트와 독자 사이에 새로운 실재가 창조되는 것이다.

여기서 주의해야 할 것은, 리쾨르가 이해 → 설명 → 이해의 과정을 일

---

52) 그렇다면 모든 해석은 다 타당한 해석이란 말인가? 다양한 해석 중에 어떤 것은 다른 것에 비해 더 타당한 해석이라고 말할 수 있는 근거는 없는가? 이 문제는 뒤에 진리에 관한 논의를 할 때 다루게 될 것이다.

회적이거나 순차적인 해석의 단계로 소개하는 것은 아니라는 사실이다. 이 과정은 순환적이어서 끊임없이 반복되며, 또한 순차적으로 일어난다기보다는 동시 다발적으로 일어난다.

요약하자면, 리쾨르에게 텍스트의 해석이란 이해(텍스트 전체의 의미 파악과, 텍스트 앞의 세계를 만드는 것)와 설명(이해를 잘못된 해석으로부터 보호하기 위한 모든 조사)의 복합적이고 통합적인 순환 과정을 거쳐서, 텍스트의 만족할만한 의미를 찾아내는 것이다. 이렇게 찾아진 텍스트의 의미는 텍스트에 의해 열려진 세계를 발견하는 것이다. 즉 텍스트가 속해 있는 지평과 독자가 속해있는 지평이 만나서 융합되는 것, 그래서 독자가 확장되고 심화된 지평을 갖게 되는 것이 바로 텍스트 해석을 통해 일어나는 결과이다. 리쾨르는 이와 같은 새로운 세계의 발견은 필연적으로 자아의 변화(the transformation of self)를 수반한다고 한다. 가다머가 해석학의 마지막 단계로 제시했던 적용(application)을 리쾨르는 전유(appropriation)이라는 말로 바꿔 사용하면서, 해석의 최종 단계는 해석된 의미의 전유라고 말한다.[53] 전유는 해석학의 최종 목표이다. 이를 통해 독자는 원래 자신에게 없던 것을 취하게 된다.[54] 전유는 독자가 텍스트 앞에서 자신을 바라보는 것이다. 그러나 이것은 독자가 갖고 있는 주관을 텍스트에 투사시키는 것이 아니고, 텍스트가 설명이라는 검증 과정을 통해 정해주는 가능성

53) Appropriation은 전유(轉有) 혹은 사유화 등으로 해석할 수 있는데, 나의 것으로 만드는 것, 나에게 적용하는 것, 나에게 의미 있는 것으로 만드는 것 등의 뜻을 갖고 있다.

54) Ricoeur, *Hermeneutics and Human Sciences*, 178.

의 범위 안에서 자아를 새롭게 이해하는 것이다.[55] 또한 이것은 텍스트가 정해준 한 가지 뜻을 수동적으로 받아들이는 것이 아니고, 전체와 부분, 추정과 검증의 해석학적 과정에 독자가 능동적으로 참여해서 발견하게 된 세계 속에서 자아를 새롭게 이해하는 것이다.

따라서 이해한다는 것은 자기 자신을 텍스트 앞에서 이해하는 것이다. 그것은 텍스트에 우리의 유한한 이해의 역량을 적용하는 것이 아니고, 우리 자신을 텍스트에 노출시키고, 텍스트로부터 확장된 자아를 돌려받는 것이다. 이렇게 확장된 자아는 주어진 세계가 제시할 수 있는 가장 적합한 방식에 상응하는 적합한 존재가 된다.[56]

55) 가다머의 해석학의 중요한 문제로 지적하는 것은 적절한 해석에 대한 규준이 없다는 것이다. 즉 지평의 융합을 통해서 이루어진 이해가 왜곡되거나 불완전한 경우 그것을 감지하거나 방지할 장치가 있냐는 질문이다. 이점에서 볼 때 리쾨르의 해석학이 비판적인 장치를 갖고 있는 것은 가다머의 해석학을 발전시킨 것으로 볼 수 있다. Werner Jeanrond, *Theological Hermeneutics: Development and Significance* (New York: Crossroad, 1991) 68-70.

56) Ricoeur, *Hermeneutics and Human Sciences*, 143.

5. 이야기 해석학

1) 이야기란 무엇인가?

우리는 지금까지 리쾨르의 해석학의 발전을 상징의 해석학, 은유의 해석학, 텍스트의 해석학 순으로 살펴보았다. 리쾨르는 1984년부터 1988년에 걸쳐 3권짜리 『시간과 이야기』라는 책을 출간했는데, 이 책에서 우리는 그의 해석학의 가장 완성된 형태를 볼 수 있다.[57)]

이 책은 방대한 분량에다가 수많은 학자들의 이론이 등장하고, 아주 정밀하게 논리 전개를 하고 있기 때문에 한두 번 읽어서는 내용을 파악하기 힘들다. 이 책을 이해하기 위한 첫 단계는 책 전체의 구조를 파악하는 것이다. 리쾨르는 매우 조직적인 사상가이므로 목차 자체만 보더라도 그의 의도가 무엇인지를 어느 정도 파악할 수 있다. 앞으로 이 장에서 논의되는 내용을 이해하기 위해 꼭 필요하다고 생각됨으로, 『시간과 이야기』전체의 내용을 도표로 정리해 보았다.[58)]

---

57) Paul Ricoeur, *Time and Narrative*, vol.1-3 (Chicago: University of Chicago Press, 1984-1988).

58) 제4부는 각 장 아래의 제목도 중요하므로 도표에 표시했다. 각 권의 구분은 그리 중요하지 않다. 1권은 "줄거리와 역사 이야기"라는 제목으로 제1부와 제2부를 포함하고, 2권은 "허구 이야기에서의 형상화"라는 제목으로 제3부를 포함하며, 3권은 "이야기된 시간"이라는 제목으로 제4부를 포함한다.

제1부 이야기와 시간성 사이의 순환
1장 시간 경험의 아포리아 – 아우구스티누스의 『고백록』 XI
2장 줄거리 구성 – 아리스토텔레스의 『시학』 읽기
3장 시간과 이야기 – 삼중의 미메시스
제2부 역사와 이야기
1장 이야기의 쇠락
2장 이야기를 위한 변론
3장 역사의 지향성
제3부 허구 이야기에서의 시간의 형상화
1장 줄거리의 변모
2장 서술성의 기호학적 제약
3장 시간과의 유희
4장 시간의 허구적 경험
결론
제4부 이야기된 시간
1장 시간성의 모순
1. 정신의 시간과 세계의 시간
2. 직관적 시간과 보이지 않는 시간– 칸트 대 후설
3. 시간성, 역사성, 시간 내부성 – 하이데거와 통속적 시간 개념
2장 이야기의 시학 – 역사, 허구, 시간
1. 체험된 시간과 보편적 시간 사이에서 – 역사적 시간
2. 허구와 시간에 관한 상상의 변주
3. 역사적 과거의 실재성
4. 텍스트의 세계와 독자의 세계
5. 역사와 허구의 교차
6. 헤겔을 포기함
7. 역사 의식의 해석학으로
결론
I. 시간성의 첫 번째 아포리아 – 서술의 정체성
II. 시간성의 두 번째 아포리아 – 총체성과 총체화
III. 가늠할 수 없는 시간의 아포리아와 이야기의 한계

도표 5. 『시간과 이야기』의 구조

이 책에서 리쾨르가 다루는 주제는 인간의 시간 경험에 관한 문제이다. 리쾨르는 철학사에서 시간 경험에 대해 두 가지 설명이 있어 왔다고 말한다. 하나는 어거스틴(Augstine)에 의한 현상학적(phenomenological), 혹은 심리학적 시간(psychological time)이고, 다른 하나는 아리스토텔레스(Aristotle)에 의한 물리적(physical) 혹은 우주론적 시간(cosmological time)이다. 전자는 시간을 인간 영혼의 활동(distentio animi, 정신의 이완)으로 본다.[59] 후자는 시간을 움직이는 물체의 측정 단위로 본다.[60] 리쾨르에 의하면 이 두 입장은 인간의 시간 경험을 매우 다르게 이해한다. 예를 들어 현재라는 시간에 대해 말할 때, 우주론적 시간관에서 현재라는 것은 한 점과 같다. 그러나 심리학적인 시간관에서 현재는 과거와 미래에 대비되는, 기대와, 기억과 현재의 경험을 총합하는 순간이 된다.[61] 이러한 두가지 시간 이해에 대해 우리가 갖는 어려움은 두 입장 다 우리의 경험과 일치하기 때문에 둘 다 시간에 대한 타당한 설명처럼 여겨진다는 사실이다.

리쾨르는 시간 경험이 가지는 이런 아포리아적 문제를 해결하기 위해 이 이율배반적인 상황을 직접 다루지 않는다. 그 대신 그는 아리스토텔레스의 줄거리 구성(muthos)이라는 개념에서 출발하여 이를 형상화(configuration) 혹은 구성(emplotment)이라는 개념으로 발전시켜 이를 통해 시간의 수수께끼를 풀려고 한다.[62] 『시간과 이야기』 세 권은 그가 이

59) Ricoeur, *Time and Narrative*, I., 16.

60) Ibid., 13.

61) Charles E. Reagan, *Paul Ricoeur: His Life and His Work* (Chicago: University of Chicago Press, 1969), 111.

62) Ricoeur, *Time and Narrative*, I, 31, 35, 45.

야기(narrative)의 도움으로 시간의 아포리아를 해결해 나가는 과정이라고 볼 수 있다.

리쾨르는 이야기가 인간의 경험에 의미있는 구조를 제공한다고 말한다. 그리고 이 구조 안에서 물리적인 것과 정신적인 것이 결합된다. 이 속에서 물리적 시간과 심리적 시간이 제 3의 시간으로 융합된다고 한다.[63] 리쾨르의 시간의 아포리아에 대한 답은 다음의 문장으로 요약될 수 있다: "시간은 서술 형식을 통해 엮어짐으로 인간의 시간이 되며, 이야기는 그것이 시간적 실존의 조건이 될 때 그 충만한 의미에 이른다."[64]

이 책에서는 시간의 문제 자체에 대해 자세한 소개는 하지 않으려고 한다. 우리가 더 관심을 두는 것은 그가 시간 경험의 아포리아를 해결하기 위해 발전시키고 적용했던 해석학적 이론들이다. 이 세권으로 구성된 책에서 리쾨르는 이 전에 제시했던 모든 해석학적 성찰을 다 어우르면서 전체적으로 더욱 포괄적이고 균형 잡힌 해석이론을 제시하고 있다. 『시간과 이야기』에서 제시되는 해석학은 텍스트의 해석학과 근본적으로 큰 차이가 없다. 담화의 특성, 텍스트의 독립, 해석의 결과로 만들어지는 텍스트의 세계 등은 여전히 이 책에서도 중요한 개념으로 사용되고 있다.

이 책에서 소개되는 가장 새로운 개념은 바로 이야기(narrative)라는 장르이다.[65] 리쾨르는 이 책에서 텍스트에서 이야기로 그 관심의 초점을 옮

63) Charles E. Reagan, *Paul Ricoeur: His Life and His Work*, 122.

64) "Time becomes human to the extent that it is articulated through a narrative mode, and narrative attains its full meaning when it becomes a condition of temporal existence." Ricoeur, *Time and Narrative*, I., 52.

65) Narrative를 서사, 서술 혹은 이야기로 번역할 수 있지만 필자는 이야기라는 번역을 선호한다. 그러나 narrative text에서처럼 형용사로 쓰일 때는 "이야기적 텍스

기는 것이다. 이야기는 텍스트와 어떻게 다른가? 텍스트의 정의는 앞에서 살펴본 것처럼 "쓰기에 의해 고정된 담화"였다. 리쾨르의 확장된 텍스트의 적용을 생각해 본다면, 텍스트를 우리는 우선 문학적(literary) 텍스트와 비문학적(non-literary) 텍스트로 나눌 수 있다. 문학적 텍스트 안에서는 다시 서술적 텍스트와 비서술적 텍스트의 구분이 가능하다. 서술적 텍스트 안에서 리쾨르는 허구와 역사를 구분한다.[66] 아래의 도표 6은 리쾨르의 구상에서 역사와 이야기가 차지하는 위치를 보여주고 있다.

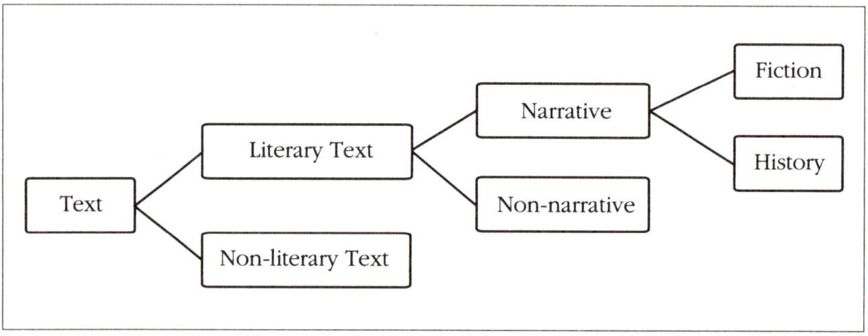

도표 6. 텍스트, 이야기, 허구, 역사의 관계

이야기는 텍스트의 한 종류이기 때문에 리쾨르의 텍스트 이론은 대부분 이야기의 해석에도 적용된다. 그러나 서사적 텍스트는 비서사적 텍스트와 비교해볼 때 여러 가지 독특한 특성들이 있다. 첫째로, 텍스트가 이야기가 되면서 텍스트에 시간이라는 차원이 추가되었다. 이야기는 시작과 끝이 있으며, 이야기는 시간 속에서 말해진다. 둘째로, 이야기 속에서는 인간의 행동이 중요한 구성 요소가 된다. 이야기한다는 것은 여러 가지 인간의 행동

트"라는 번역이 어색하므로 "서사적 텍스트"라는 식으로 표현하려고 한다.

66) Ricoeur, *Time and Narrative*, I, 79-80.

을 특별한 관점에서 배열하는 것이다. 상징이나 은유, 텍스트의 경우는 서로 연관이 없었던 요소들이 한 곳에 만나게 되면서 새로운 의미가 생산된다. 그러나 이야기의 경우는 서로 필연적인 관계가 없는 인간의 행동들이 한 이야기 속에 담아지게 되면서 의미가 생산된다.

이와 같이 다양한 인간의 행동을 일정한 관점에 따라 배열하는 것을 리쾨르는 구성(emplotment)이라고 한다.[67] 이야기에 와서야 텍스트가 줄거리(plot)를 가질 수 있게 된다. 구성을 통해서 이야기의 세계가 만들어진다. 줄거리가 이루어지는 과정을 자세히 분석하기 위해 리쾨르는 삼중적 미메시스라는 개념을 도입한다.

2) 삼중적 미메시스

『시간과 이야기』 1권, 1부의 마지막 장에서 리쾨르는 삼중적 미메시스(mimesis)라는 용어를 소개한다.[68] 리쾨르는 이를 미메시스1, 미메시스2, 미메시스3으로 표기하고 풀어서 전-형상화(prefiguration), 형상화(configuration), 재-형상화(refiguration)라는 용어를 사용하기도 한다. 이 삼중 미메시스는 『시간과 이야기』 세권 전체에서 전개하는 이야기 해석학의 틀을 제공한다.

미메시스1은 미메시스2를 가능케 해주는 조건이자 상황이다. 이것은 형상화가 가능하기 위하여 전제가 되는 행동의 상징적 구조(symbolic

---

67) 리쾨르는 emplotment 대신, configuration(형상화) 혹은 poetic composition(시적 구성)이라는 단어를 사용하기도 한다. Ricoeur, *Time and Narrative*, I, 54.

68) 미메시스는 "재현 행위"로 번역할 수 있다. 김한식, 이경래 역,『시간과 이야기』I, 81.

structure of action)를 말한다. 형상화가 아무리 창조성을 발휘한다고 해도, 그것은 선이해의 범위 안에서 이루어지는 것이다. 그리고 줄거리가 행동의 모방이기 때문에 모방해야 할 선행적인 행동 일반의 구조가 요구된다.[69] 리쾨르에 의하면 인간의 행동은 그것이 이야기를 통해 형상화되기 이전에도 이미 미메시스1의 상태에서 상징적인 관계성 속에 있다.[70]

리쾨르에 의하면 미메시스1은 세 가지의 요소로 구성된다. 첫째는 행동의 의미의 개념망(conceptual network of semantics of action)이다. 어떤 구체적인 행동이 의미를 가지기 위해서는 행동을 의미 있게 하고, 또 행동의 의미를 이해할 수 있게 만드는 공유된 개념의 관계가 존재해야 한다. 이런 개념망이 있기 때문에 단순한 물리적인 동작과 사회적 행동이 구별된다.[71] 이 개념망 때문에 인간의 행동은 목적, 동기, 행동 주체 등의 관점에서 분석될 수 있다.

두 번째는 문화의 상징적 틀(symbolic framework of a culture)이다. 행동이 이야기가 될 수 있는 것은 그 행동이 기호, 규준, 규칙, 관습, 제도, 문화적 행동 등을 통해 상징적으로 매개되기 때문이다. 이런 것들은 행동을 이해하고 해석하는 규칙을 주기도 하지만, 또한 행동을 평가하는 규범을 제공하기도 한다. 그래서 어떤 행동은 다른 행동보다 우월하다거나 열등하다거나 하는 윤리적 판단이 가능하게 된다.[72]

---

69) Ricoeur, *Time and Narrative*, I, 54.

70) David Pellauer, "The Symbol Gave Rise to Thought," in *The Philosophy of Paul Ricoeur*, ed. Lewis Edwin Hahn (Chicago, Il: Open Court, 1995), 108.

71) Ricoeur, *Time and Narrative*, I, 55.

72) Ricoeur, *Time and Narrative*, I, 58.

세 번째로, 미메시스1은 인간 행동을 시간 속에서 이해하도록 하는 특징을 갖고 있다. 시간적 구조는 이야기를 요청한다. 우리의 일상적인 생활은 시간에 의해 조직되어 있다. 항상 무엇을 먼저 하고 그 후에 다른 것을 한다. 우리가 일상 대화에서 시간에 대한 표현을 얼마나 많이 쓰는가를 생각해봐도 시간은 우리가 행동을 형상화하기 이전에 이미 형상화의 조건으로서 미메시스1에 포함이 되어 있음을 알 수 있다. 미메시스1의 중요성을 리쾨르는 이렇게 지적하고 있다.

> 우리는 미메시스1의 풍부한 의미를 알게 되었다. 행동을 모방하거나 재현하는 것, 그것은 우선 인간의 행동, 즉 그 의미론과 상징성 그리고 시간성이 어떠한 것인지를 미리 이해하는 것이다. 줄거리 구성, 그리고 그와 더불어 텍스트와 문학의 재현성은 작가와 독자에 공통된 바로 이러한 전-이해를 바탕으로 세워진다.[73]

시학적 구성인 미메시스2는 미메시스1의 기반 위에서 가능하다. 미메시스2는 형상화 혹은 구성의 단계이다. 미메시스2는 다양한 사건들을 의미 있는 전체로 구성한다.[74] 구체적으로 이것은 세 가지 과정을 포함한다. 첫째, 미메시스2는 개별적인 사건들과 전체를 매개한다. 둘째로, 미메시스2는 서로 상이한 요소들, 예를 들어 행동의 주체, 목표, 수단, 상호작용, 상황, 예기치 못한 일등 모든 것을 하나의 이야기 속에 포함시킨다. 셋째로 사건들에 시간성을 부여함으로 그것을 결말이 있는 이야기로 변

73) Ricoeur, *Time and Narrative*, I, 64.

74) Ricoeur, *Time and Narrative*, I, 55.

환시킨다.[75] 미메시스2가 작동하는 힘은 생산적 상상력(the productive imagination)이다. 즉 자연의 상태에서 서로 관련이 없었던 다양한 요소들을 하나의 이야기라는 틀 안에 집어넣고, 전체를 잘 배열함으로 의미 있는 이야기를 꾸려나가기 위해서는 문학적인 상상력이 필요하다. 어떤 이야기를 더욱 설득력 있게 만드는 것은 이야기 속의 사건들을 어떻게 배열하느냐에 달려있다. 미메시스2는 미메시스1과 미메시스3 사이의 다리 역할을 한다. 혹은 미메시스1은 미메시스2의 상류이고, 미메시스3은 미메시스2의 하류이다. 미메시스는 상류에서 하류로의 흐름이다. 이런 관점에서 볼 때 구조주의 학자들이 텍스트에서 외부적인 관계와 시간을 제거한 후 그 내적인 법칙만 갖고 텍스트의 의미를 파악할 수 있다고 주장하는 것은 매우 제한적인 입장임을 알 수 있다. 삼중의 미메시스 중 미메시스2가 『시간과 이야기』의 중심 연구 주제가 되는데 그는 2권과 3권 전반부에서 허구와 역사를 비교하면서 미메시스2의 다양한 차원을 분석하고 있다.

미메시스3은 텍스트의 세계와 독자의 세계가 만나는 곳이다. 형상화를 통해서 구성된 가상의 세계와 구체적인 시간과 공간 안에서 일어나는 실제 행동으로 이루어진 독자의 세계의 교차가 발생한다.[76] 이 세계는 독서를 통해서 만들어지는 세계이다. 리쾨르는 이 과정에서 독자의 역할이 중요하다고 강조한다. 독자는 텍스트에 이미 담겨있는 잘 정리된 의미를 수동적으로 받아들이는 것이 아니라, 능동적으로, 창의적으로 받아들여 의미의 생산에 참여한다. 그러나 여기에서 저자의 역할도 중요하다 미메시스2에서 어떤 작업을 했느냐에 따라 미메시스3에서 독자가 하는 역할의 방향과 폭

75) Ricoeur, *Time and Narrative*, I, 65.

76) Ricoeur, *Time and Narrative*, I, 66.

이 결정된다. 저자는 일반적으로 인정된 유형들을 통하여 독자가 이야기의 형상화를 잘 따라가도록 돕는다. 그러나 어떤 경우 저자는 독자를 시험하기도 하고, 독자와 게임을 하기도 하며, 독자 또한 미메시스2에서 형상화된 것을 조금 비틀어서 해석하면서 저자의 의도를 비웃을 수도 있다. 독서행위는 이런 점에서 볼 때 미메시스3을 미메시스2에 결합시키는 역할을 한다.[77)]

3) 삼중적 미메시스와 텍스트 해석학의 단계 비교

지금까지 살펴본 리쾨르의 삼중적 미메시스 이론은 우리가 이미 살펴본 텍스트 해석학의 구조와 유사하다. 그렇지만 이 둘은 일치하지는 않는다는 것을 확인할 필요가 있다. 우선 삼중적 미메시스 이론은 텍스트 중에서도 이야기, 이야기 중에서도 허구 이야기와 역사 이야기를 염두에 두고 구성된 이론이다. 리쾨르가 다루는 이 두가지 형태의 이야기에는 작가가 있다. 소설가나 시인은 허구 이야기를 창작하고, 역사가는 역사를 서술한다. 따라서 앞의 텍스트 해석학에 비해서 텍스트의 의도적 생산이라는 측면이 더욱 두드러지게 나타나 있다.

일반적인 텍스트의 경우 담화가 꼭 화자의 의도에 의해서 고정되는 것은 아니다. 예를 들어 어떤 교수의 강의가 학생에 의해 기록이 되었거나, 어떤 목사가 설교하는 것이 녹화된 경우, 이 때 생산된 텍스트는 원래 화자가 독자를 의식하고, 나름대로 전략을 세워, 가장 효과적인 방법으로 만든 텍스트는 아니다. 그러나 소설이나 역사의 경우, 작가의 가장 큰 관심은 독자를

77) Ricoeur, *Time and Narrative*, I, 77.

어떻게 설득하느냐이다. 리쾨르는 이와 같이 조금 더 좁은 영역의 텍스트에 집중해서 그의 미메시스 이론을 전개한 것이다. 그런 의미에서 볼 때 미메시스2에 속한 많은 논의들은 일반적인 텍스트 해석학에는 그대로 적용하기가 힘들다는 생각이 든다. 리쾨르의 텍스트 해석학이 삼중적 미메시스 이론보다 더 넓은 개념이고, 미메시스 이론은 텍스트 해석학을 특별한 유형의 텍스트(의도적인 창작)에 적용한 것이라고 볼 수 있다.

그런데 텍스트보다 작은 단위인 은유에 대해 미메시스 이론을 적용해 보면 텍스트보다 훨씬 그 이론을 적용하기가 쉽다. 그 이유는, 리쾨르의 은유에 관한 논의도 은유의 생산 과정에 초점을 맞추었기 때문이다. 은유도 의도적인 창작이다. 앞에서 살펴본 대로, 은유는 그것을 말하는 사람의 창의적인 발상에 많이 의존한다. 보통 사람들이 밀접한 관계를 발견하지 못하는 두 대상 사이에서 숨어있는 연관성을 찾아내어 그것으로 두 대상을 결합할 때, 은유를 듣는 사람으로 하여금 실재에 대한 새로운 깨달음을 얻게 한다. 이 점에서 볼 때 미메시스1은 은유를 가능케 하는 전형상화의 단계로, 미메시스2는 은유를 만들어내는 형상화의 단계로, 미메시스3는 은유를 이해하는 재형상화의 단계로 적용할 수 있다.

그러나 은유가 이야기와 근본적으로 다른 것이 있는데, 그것은 은유에서는 단지 두 대상 간의 긴장 관계를 통해 의미를 생산하고 감상하는 것이지만, 이야기에서는 그보다 훨씬 복잡한 상호 관계가 포함된다는 점이다. 이 차이는 리쾨르에게는 매우 중요한 발견이다. 은유의 경우 일대일의 지시 관계가 중요하다. 예를 들어 “내 마음은 호수”라는 은유에서 “마음”과 “호수”의 일대일 지시 관계를 해명하는 것이 은유의 해석에서 매우 중요한 과제이다. 그렇지만 이야기의 경우, 이야기와 세계가 일대 일로 대응하는 것은 아니다. 은유와 같은 단순한 지시 관계는 이야기에서는 불가능하다. 그렇다고 이야기에 일대일의 지시 관계가 수없이 많이 포함되어 있는 것으로 생각해서도 안 된다. 다시 말하면, 이야기를 복수의 은유, 혹은 은유의 다발로 여겨서는 안 된다는 말이다.

앞에서 은유의 해석학에서 텍스트의 해석학으로 넘어 가면서 은유와 텍스트의 차이는 단지 길이의 차이일 뿐이라고 언급한 바 있지만, 은유를 이야기와 비교해 볼 때 그것은 더 이상 적절하지 않다. 은유와 이야기의 차이는 양적인 차이가 아니고 질적인 차이라는 것이 리쾨르의 중요한 깨달음이다. 그래서 리쾨르는 이야기의 해석학을 논할 때 "지시 관계"(reference)라는 용어를 사용하는 것을 자제하고, 대신 "세계"라는 용어를 사용하기로 결심한다.[78] 이야기가 이야기 밖의 세계와 관계를 맺는 것은 이야기 내의 요소들과 이야기 밖의 요소들 간의 수많은 일대일 관계의 다발을 통해서가 아니고, 이야기의 세계와 독자의 세계라는 세계 대 세계의 관계를 통해서이다. 따라서 이야기는 미메시스2의 과정에서 모든 행동과 사건과, 인물 등을 하나의 의미 있는 통일체를 이루는 세계로 만들어 내야하고, 독서를 통해서 그 세계와 독자의 세계가 만나서 지평 융합(the fusion of horizons)이 이루어지면서 독자의 세계가 변혁되는 것이다.[79]

---

78) 한 인터뷰에서 리쾨르는 세계의 중요성을 강조했다. "예술과 텍스트의 이해에서 중요한 것은 그것이 묘사하는 대상 자체가 아니라 그것이 만들어내는 세계이다. 그 세계는 경험의 지평을 제공하는데 그것은 대상이나 사람들에 의해서 완전히 파악되지 않고, 이런 저런 방식으로 재현된다... 세계라는 용어를 쓰는 것은 그것이 대상이나 상황으로 다 대치될 수 없기 때문이다." Charles Reagan, *Paul Ricoeur- His Life and His Work* (Chicago University Press, 1996), 108.

79) Ibid, 108 참고.

리쾨르가 그의 관심을 텍스트에서 이야기로 좁힌 것은 바로 이야기(허구와 역사를 포함)에는 의미의 생성과 이해의 과정이 명확히 포함되어서 해석의 폭넓고 심오한 차원을 드러내기 때문이라고 생각한다.

그런데 여기서 일반적인 텍스트의 해석의 과정에서 미메시스2의 단계(형상화)가 어느 단계에 속하게 되는지 다시 한 번 생각해 볼 필요가 있다. 리쾨르가 텍스트는 쓰기에 의해서 고정된 담화라고 규정하고 그 정의에 의해서 텍스트 해석학의 과정을 분석했을 때, 그 분석은 너무 형식적인 측면이 있었다.

예를 먼저 들고 논의를 진행해보기로 하자. 어떤 설교자가 설교를 한 것을 녹화한 경우, 그 설교는 고정되어 텍스트가 된다. 여기서 담화가 텍스트가 되어가는 과정 중에는 새로운 의미가 생산될 틈이 없다. 도리어 의미가 손상되는 것 같다. 리쾨르도 그렇게 여긴다. 독서는 독자가 창의력을 갖고 능동적으로 그 손상된 의미를 복구하는 것인데, 이 복구는 원래의 저자가 갖고 있었던 의도로 완전히 돌아가는 것이 아니고, 규범적 의미(ideal meaning)가 정해준 범위 안에서 자유롭게 의미를 창조하는 것이라고 리쾨르는 말한다. 이런 흐름 속에서 볼 때, 설교자는 담화가 텍스트가 됨으로서 갖게 되는 의미의 혁신에 공헌한 것이 없게 된다.(도표 7 참고)

1단계	담화	behind the text	지금 선포되는 설교
2단계	텍스트	in the text	녹화된 설교 동영상
3단계	해석	in front of the text	동영상을 보면서 설교 이해

도표 7. 텍스트의 형성에서 해석까지의 과정

그렇지만 이 설교자가 설교문을 작성하는 과정은 소설가가 소설을 쓰거나 시인이 시를 쓰는 것과 똑같은 형상화의 과정이다. 미메시스2가 이 과정에 그대로 적용된다. 이런 점에서 리쾨르의 삼중적 미메시스 이론과 텍스트 해석학은 서로 연관은 있지만 일치된 관계는 아니다. 미메시스의 이론에 따라 설교 작성의 과정을 도표화 해보면 도표 8과 같이 정리할 수 있다.

미메시스1	설교자가 설교를 작성하고, 청중이 설교를 이해할 수 있는 배경 (예를 들어 언어, 문화, 교회라는 제도, 예배라는 제의, 설교라는 행위에 주어진 권위, 목사의 역할, 성서의 상징, 성서의 이야기, 또 설교를 정해준 시간에 서론, 본론, 결론으로 구성해야 하는 형식 등)
미메시스2	설교자의 설교문 작성, 설교 하기; 이 경우 똑같은 신문과 TV를 구독하고 똑 같은 성서 본문을 갖고 설교를 하는 설교자들이 거의 같은 수준의 정보를 갖고 설교를 작성하지만 매우 다른 설교가 작성될 수 있음.
미메시스3	청중이 설교를 들음, 청중의 세계관의 변화, 청중의 변화된 삶; 이 경우 청중에 따라 설교에 관심을 두지 않거나, 일생일대의 회심을 하는 등 각각 다른 반응을 보일 수 있음.

도표 8. 삼중 미메시스와 설교 작성의 예

이 예를 통해 지적하려고 하는 것은, 리쾨르의 삼중적 미메시스 이론은 텍스트의 생성과 해석과정(담화–텍스트로 고정됨–해석)과 일치할 수도 있지만 그렇지 않을 수 도 있는 조금 혼란스러운 관계에 있다는 점이다. 이 두 분석에서 마지막 단계는 동일한 과정이라고 볼 수 있다. 그렇지만 텍스트 해석학의 첫 단계인 담화의 단계는 미메시스1과 미메시스2를 모두 포함하고 있으며, 텍스트 해석학의 두 번째 단계인 담화의 고정화는 미메시스2에서 미메시스3으로 옮겨지는 과정에서 발생하는 것으로 볼 수 있다. 리쾨르가 텍스트의 해석학에서는 원래의 담화와 텍스트 사이의 소격화(distanciation)에 따른 독자의 해석학적 과제에 관심을 두었다면, 이야기 해석학에서는 의미의 생산자와 의미의 해석자의 관계에 초점을 맞추었다고 생각해 본다면, 이 두 종류의 해석학적 단계의 상관성을 파악할 수 있을 것이다.[80]

3) 역사적 이야기와 허구적 이야기

리쾨르의 해석학의 절정은 그가 『시간과 이야기』에서 역사적 이야기와 허구적 이야기를 비교하면서 그 둘의 관계를 규명하는데 있다고 볼 수 있다.[81]

앞의 도표 5에서 볼 수 있듯이 리쾨르는 『시간과 이야기』 제1부에서 시간의 아포리아를 풀기 위해 이야기를 도입하고, 이야기가 갖고 있는 삼중적 미메시스를 소개한 후, 제2부에서는 "역사와 이야기"라는 제목으로 역사

---

80) 즉, 전자는 담화가 겪게 되는 물리적 변화에 초점을 맞춘 것이라면, 후자는 담화가 담고 있는 내용에 초점을 맞춘 것이라고 할 수 있다.

81) "많은 사람들이 허구(fiction)를 서술적 형상화 (narrative configuration)의 동의어로 간주한 것과 달리, 1권에서 채택한 용어 관례에 충실하기 위해 나는 그보다 좁은 의미를 부여할 것이다... 이 글에서는 역사 이야기처럼 실제로 일어난 이야기를 구성하려는 야심을 갖지 않은 문학 창조 작업에 한정하여 허구라는 용어를 사용하려고 한다. 만일 형상화와 허구를 동의어로 간주한다면 진리의 문제와 관련하여 역사와 허구라는 두 가지 서술 방식이 보이는 상이한 관계를 설명하는데 사용할 수 없는 용어가 되기 때문이다. 역사 이야기와 허구 이야기의 공통점은 미메시스2라는 이름으로 설정된 형상화 작업에 속한다는 것이다. 반면, 이 두 서술의 차이는 서술 구조 자체에 부여된 구조화 작업의 차이가 아니라, 미메시스3의 관계를 규정하는 데 사용되는 진리주장(truth-claim)의 성격의 차이에서 기인한다." Ricoeur, *Time and Narrative*, II, 3.

를, 제3부(제3권)에서는 "허구 이야기에서의 시간의 형상화"라는 제목으로 허구를 다룬다. 이렇게 2부와 3부에서 각각 다뤄진 역사와 허구의 이야기는 제4부에 가서, 서로 뒤엉키면서 이 둘의 깊은 관계가 규명된다.

제2부의 관심사는 역사서술과 이야기의 관계이다. 그는 역사와 이야기에 매우 밀접한 관계가 있다고 단정한다. 그러나 이 밀접한 관계를 너무 쉽게 생각해서는 안 된다고 한다. 예를 들어 서사주의 역사학자들(narrative historian)은 역사와 이야기 사이에는 자연스러운 관계가 있으며 모든 역사는 이야기 형식으로 기술되어야 한다고 주장한다. 그러나 리쾨르는 이런 서사주의 역사학자들의 입장에 반대한다.[82] 그가 역사와 이야기에 밀접한 관계가 있다고 말할 때 의미했던 것은 그것이 아니었기 때문이다. 리쾨르는 역사와 이야기의 관계는 명시적으로 드러나는 관계가 아니고, 쉽게 드러나지 않는 심원한 관계라고 한다. 리쾨르는 말한다.

> 나의 주장은, 서술적 형태로부터 아무리 멀리 떨어진 역사라 할지라도 어떤 파생 관계를 통해 서술적 이해와 다시 연결되며, 우리는 이러한 관계를 적절한 방법으로 조금씩 단계적으로 재구성할 수 있다는 것이다.[83]

그래서 리쾨르는 서사주의 역사가가 아니라 이야기 장르에 대해 가장 적대감을 갖고 있는 역사학파를 분석하면서, 그들의 역사 기술도 이야기의 성격을 갖고 있다고 주장한다. 그렇게 그가 택한 역사학파가 프랑스 역사기술과 영미의 실증주의적 역사관이다.

---

82) Ricoeur, *Time and Narrative*, I, 91.

83) Ibid., 91.

이 두 학파는 역사학을 과학의 한 분과로 수립하려고 노력한다. 이들은 사건, 인물, 구성과 같은 개념을 배제하고, 모든 역사는 숫자로 씌어져야 한다고 주장한다. 그들은 양적 역사(quantitative history), 과학적 설명(scientific explanation), 그리고 예측(prediction)을 매우 중요하게 생각한다.[84] 이들에게서 어떻게 이야기적인 경향을 찾을 수 있겠는가?

리쾨르가 제시하는 것은 "간접적 파생의 방법(method of indrect derivation)"이다. 이 방법은 서로 공통점이 없어서 어떤 상호 관계도 불가능할 것 같은 둘을 한 걸음씩 가까이 오게 하여서 이 둘을 연결시켜보는 아주 공이 많이 드는 작업이다. 첫째로, 그는 반서사주의 학파(anti-narrative schools)들의 주장 안에 이야기 장르와 연결할 수 있는 무엇이 숨어 있다고 지적한다. 역사학에서 "과학"이라는 용어는 자연과학과 똑같은 의미로 쓰이지 않는다. 예를 들어, 역사에서 인과론적 설명은 자연과학의 경우와 다르다. 그것은 "준인과론적 설명(quasi-causal explanation)"이다.[85] 역사에서 인과론적 설명을 할 때 "그 사건은 무엇 때문에 일어났다(This happened because...)"는 식으로 표현한다. 그것은 자연과학의 경우처럼 엄격한 인과율의 적용이 아니다.

리쾨르는 이제 이야기 쪽으로 넘어가서 그의 입장을 밝힌다. 그는 이야기의 영역에서 과학적 설명과 유사한 것이 무엇인지를 찾아내려 한다. 줄거리 구성(emplotment)은 매우 복잡한 과정이다. 그런데 이것을 아주 간단하게 표현하자면 "그것은 무엇 때문에 일어났다(This happened because)"라고 축약할 수 있다. 이것은 너무 간단해서 그것 자체로 구성이라고 부를 수 없다. 그 대신 리쾨르는 이것을 "준-구성(quasi-plot)"이라고

84) Ibid., 113.

85) Ibid., 132.

부른다.[86] 이 준-구성은 이야기 영역에서 발견하게 되는 준-과학적 설명이다.

이렇게 조심스러운 작업을 통해 리쾨르가 무엇을 의도하는지 밝혀진다. 그는 서로 대립하는 양자를 화해시키는 중재자와 같은 역할을 한다. 그는 외교적인 기술을 사용하여 파생적 과정을 통해 각각의 주장에서 공통점을 이끌어 내어, 양자가 동의에 도달하게 한다.

이와 같은 파생적 방법을 통하여, 리쾨르는 다른 "준-" 개념을 만든다. 예를 들면, 준-법칙(quiasi-law), 준-인과론적 설명, 준-구성, 준-인물, 준-사건 등이다. 이런 "준-" 개념들을 도입함으로 리쾨르는 서사적 성격에서 가장 멀리 떨어진 기술을 하는 역사학에서도 서사적 이해(narrative understanding)가 그 바탕에 깔려 있다는 것을 밝혀낸다.[87]

역사와 이야기가 밀접한 관계를 갖고 있다는 것을 밝힌 후, 리쾨르는 제3부에서 허구(fiction)로 초점을 옮긴다. 여기서 그는 삼중 미메시스를 허구 이야기에 적용 한다. 제3부는 총 네 장으로 되어 있는데, 각 장에서 줄거리 구성의 개념이 확대되고, 깊어지고, 풍성해지고, 열리게 된다.[88] 여기서도 리쾨르는 앞에서 역사를 다룰 때와 비슷한 접근을 한다. 그는 이야기 구성이 반구성적 입장(anti-plot position)을 견지하는 신소설운동(the new novel movement)에서도 작용하고 있으며, 담화를 과학적으로 분석하기 위해서 시간의 차원을 배제하고 분석하는 기호 이론(semiotic theory)에서도 작용하고 있음을 밝힌다. 그는 더 나아가 허구 이야기의 구성은 이야

---

86) Ibid., 118.

87) Ibid., 230.

88) Paul Ricoeur, *Time and Narrative*, II, 4-6.

기 밖에 하나의 세계를 투사하는데 이것을 "작품의 세계(the world of the work)"라고 명명할 수 있다고 한다.[89] 이 작품의 세계는 그럴듯한 세계로 그려져야 설득력을 갖게 되는데, 따라서 허구는 이야기 속의 사건을 실제로 일어난 것처럼 묘사하게 된다고 리쾨르는 주장한다.

리쾨르가 이렇게 두 가지 종류의 이야기를 상세하게 비교함으로써 그는 역사 이야기와 허구 이야기가 우리가 생각하는 것보다 훨씬 서로 유사하다는 것을 밝혀 주었다. Mark Wallace는 리쾨르가 볼 때 역사와 허구가 얼마나 서로 비슷한지를 다음과 같이 잘 요약하고 있다.

> 리쾨르가 줄거리 구성(empotment)이 역사와 허구에 깔려있는 기본적 원리라는 것을 밝힌 것은 몇 가지 중요한 의미를 가진다. 첫째로, 역사는 실증주의 역사학이 허용하는 것보다 더 많은 허구를 포함한다. 역사가 단절된 사건들을 그냥 나열하는 것이 아니고, 무질서한 실제 사건들 가운데 일관성을 찾으려는 기술이라면, 역사는 허구처럼, 과거의 사건들을 통일성 있는 이야기로 조직하려는 다양한 미학적 전략의 지배를 받는다. 다른 말로 표현하자면, 역사는 동시에 문학 작품(허구)이기도 하고 실제적인 것의 묘사이기도 하다. 역사적 사건들은 여러 다양한 형태로 - 상대적으로 객관적인 연대표나 연대기로부터 완성도 있는 이야기나 고도로 윤색된 이야기를 포함하여 - 다시 말해진다. 이 모든 이야기는 관심의 대상이 되는 사건의 적절한 형상화나 의미에 관한 특정한 관점에서 다시 기술된다.[90]

---

89) Ibid., 5.

90) Mark I. Wallace, Introduction to *Figuring the Sacred: Religion, Narrative, and Imagination*, by Paul Ricoeur, ed. Mark I. Wallace (Minneapolis: Fortress, 1995), 12.

똑같은 방식으로 허구적 이야기도 역사적 이야기와 비슷해진다.

> 허구는 보통 생각하는 것보다 더 실제적이다. 허구 이야기는, 혹은 소설이나 연극의 줄거리는, 실제에 관한 일상적인 묘사를 괄호에 넣음으로 인간의 역사성의 특성들을 재묘사하는 능력을 갖고 있다. 상상적인 텍스트의 목적은 인간 행동을 창조적으로 모방하는 것이다. 그것은 은유가 실제적인 세계를 새로운 가능성을 향하여 재묘사하는 것과 비슷하다. 그러나 허구 이야기의 모방적 능력은 일상적인 세계를 그대로 모사하는 식의 노예적 복사가 아니라, 인간의 공통된 경험에 뿌리를 내리고 있지만 창조적인 모방이다. 허구적 이야기는 일정한 진리값을 가진다. 그것은 그 이야기가 실재에 대해 어떤 주장들 하기 때문이다.[91]

91) Ibid.

4.
리쾨르의 해석학에서 진리의 문제

지금까지 리쾨르의 해석학 전반에 대해 살펴보았다. 이 책에서 우리는 진리의 문제에 관심이 있지만, 리쾨르가 진리에 대해 구체적으로 언급하는 것에 관심을 두기보다는 리쾨르의 해석학의 전반적인 구조에 더 초점을 두었다. 그것은 필자가 생각할 때, 그의 해석학 구조 전체는 우리가 앞에서 다루었던 진리의 아포리아를 해결하는데 아주 유용한 도움을 주기 때문이다.

앞에서 전통적인 진리 이론에는 세 가지 모티프가 있다고 밝혔었다. 대응(correspondence), 정합(coherence), 실용적 가치(pragmatic value)가 그것이다. 이 장에서는 이 세 모티프가 리쾨르의 해석학 전반과 어떤 관계가 있는지 밝혀 보려고 한다. 전통적인 진리론과 리쾨르의 해석학 사이의 유사성이나 관계성을 찾아보려는 시도는 리쾨르가 언급했던 간접적 파생의 방법을 사용하는 것과 유사하다. 서로 밀접한 연관이 없는 두 부류의 이론에서 공통으로 연관되는 것을 찾아내는 작업이기 때문이다.

1. 미메시스1, 3과 대응의 모티프

리쾨르의 해석학에서 대응이라는 모티프는 매우 중요하다. 그가 이 단어를 자주 사용하지는 않았지만, 그의 초기 해석학의 발전 단계로부터 시작하여 계속 그는 이 주제를 매우 조심스럽게 다루고 있다. 리쾨르가 "지시(reference)"나 "언어외적 실재(extra-linguistic reality)"에 대해 말할 때, 그리고 "텍스트의 세계"나 "전형상화(prefiguration)"에 대해 말할 때 그는 대응의 모티프에 관심을 두고 있는 것이다. 이 모티프는 미메시스1 및 미메시스3과 밀접한 연관이 있다. 미메시스1은 언어적 진술(예를 들어 텍스트)을 가능케 해주는 의미의 망이다. 이 속에 진리 대응론이 중요하게 여기는 언어 외적 실재도 속하게 된다. (미메시스1에서는 언어 외적 실재도 언어적으로 매개가 되므로 엄격한 의미에서의 언어 외적 실재는 아니다.) 앞에서 살펴본 것처럼, 텍스트 해석의 과정 중 설명의 단계에서 텍스트의 배경에 대한 철저한 조사가 이루어진다. 이것은 텍스트가 미메시스1과 끊임없이 대화하는 과정이라고 볼 수 있다. 진리 대응론에서 강조하는 언어 외적 실재와의 대응 관계는 바로 이 단계에서 이루어진다. 진리 대응론과 리쾨르의 해석학의 차이는, 전자는 바로 이 과정이 진리를 파악하기 위한 필요 충분한 조건이라고 하는 반면, 후자에서는 여러 과정 중의 한 단계라고 보는 것이다.

진리 대응론에 의하면 대응의 관계는 명제와 외부의 실재 사이에 형성되는 관계이다. 진리 대응론에서는 그 관계의 본질이 무엇인지를 살피는 것이 매우 중요하다. 리쾨르는 언어 밖의 실재를 인정하고 있고, 그리고 언어와 언어 밖의 대상이 대응관계를 가져야 한다는 데는 이의를 달지 않는다. 이 점에서 리쾨르의 해석학과 진리 대응론 간에는 유사점이 많은 셈이다.

그러나 유사성은 여기서 끝난다. 언어적 표현과 대상이 동일한 구조를 갖고 있다는 진리 대응론의 입장을 리쾨르는 받아들이지 않는다. 진리 대응론에서 무게의 중심은 항상 외부의 실재에 있었다. 외부의 실재는 변하지 않고, 객관적으로 존재하고, 언어나 의식은 그 외부의 실재를 거울처럼 반영해야 한다. 진리를 결정하는 요소는 언어나 관계에 있다기보다는 외부의 실재 자체에 있다. 진리를 추구하는 과정은 마치 질문을 하고 답을 듣는 것과 같다. 명제가 외부의 대상에게 질문을 한다, "이 지시 관계가 맞습니까?"하고. 그러면 외부의 실재가 답을 주게 된다. 한 명제의 진위는 바로 외부의 실재에 의해서 결정된다. 진리 값을 담고 있는 명제는 외부의 대상보다 열등한 입장에 있다.

그런데 리쾨르의 해석학에서는 이 둘의 관계가 역전된다. 외부의 실재(언어 외적 세계)와 명제(은유, 텍스트, 이야기)간의 관계에 변화가 생긴다. 예를 들어 은유에 있어서, 외부 세계로의 지시 관계는 잠시 유예된다. 왜냐하면 은유가 창조한 의미는 외부 세계에 대응되는 실재가 없기 때문이다. 은유는 외부의 대상들을 재료로 사용하였지만, 은유적 의미의 창조는 외부 대상에 의존하지 않고, 도리어 외부 세계에서의 자연스러운 관계를 왜곡시킴으로 생긴 것이다.

명백한 지시 대상을 찾을 수 없는 은유는 외부 세계에서 어떤 대상을 찾으러 나선다. 은유의 세계는 그것을 해석하는 사람이 은유의 문장에서 발생한 의미의 혁신(semantic innovation)을 해독하고자 노력하는 과정을 통해 만들어진다. 이런 세계는 대응론이 상정하고 있는 외부의 세계와는 아주 다르다. 이 세계는 변하지 않고, 고정된, 명제가 참조해야 할 그런 세계가 아니고, 해석자의 생산적 상상력을 통하여 텍스트와 해석자 사이에 펼쳐지는 세계이다. 이 세계는 재형상화된, 미메시스3에 해당되는 세계이다.

리쾨르의 텍스트 해석학에서 이 둘 간의 차이는 더욱 명백해진다. 텍스트는 원래의 저자, 독자, 상황으로부터 독립되었다. 독서를 통해 텍스트는 2차적 지시 관계를 창조하게 된다. 이 2차적 지시 관계는 만질 수 있는 대상과 맺어지는 것이 아니고, 그것을 초월한다. 리쾨르는 이것을 "지시 범위의 확장"이라고 표현한다.

진리 대응론에서는 단순하게 언어와 외부적 실재 간에 일대 일의 직접적 관계가 있다고 가정했다. 그리고 그 관계는 불변적이며 고정적이다. 그러나 리쾨르의 철학에서 외부적 실재의 자격은 다르다.

텍스트의 해석학의 경우, 담화가 텍스트가 되면서 일차적인 대응관계는 해소가 되었다. 텍스트도 해석되어 의미를 갖기 위해서는 대응 관계를 맺을 대상이 필요하지만, 그 대상은 과거로 돌아감으로써 찾을 수 있는 것이 아니라, 텍스트 앞에 투사함으로 창조될 수 있는 것이다.

리쾨르의 해석학에서 미메시스1은 진리 대응론이 말하는 실재의 세계에 가장 가깝다. 미메시스1은 의미의 생성을 가능케 해주는 모든 요소를 포함하는 의미의 망이다. 미메시스1이 없이는 의미도, 행동도, 해석도 불가능하다. 그러나 미메시스1은 진리 대응론이 말하는 것과 같이 언어와 독립된, 객관적인 실재는 아니다. 미메시스1은 언어로 매개된다. 그리고 미메시스1은 미메시스2, 미메시스3의 과정을 거치면서 변화된다. 그리고 미메시스1은 미메시스2에서 의미의 창조를 가능케 하는 기반이 되지만, 의미의 해석을 위해서 미메시스1로 돌아가지 않는다. 미메시스1은 이미 지나가버린 상류이고, 해석의 운동은 하류를 향해 흐른다. 진리 대응론에서 진리를 담은 명제를 거울에 비유한다면, 리쾨르의 미메시스론에서 텍스트는 프리즘에 비유할 수 있다. 진리 대응론에서 진리는 원래의 대상을 충실하게 묘사하는 것이라면, 미메시스론에서 진리는 대상으로부터 받은 빛을 다른 곳으로 투사한다. 즉 미메시스1에서 미메시스3으로 이동한다.

여기까지 살펴본 것처럼, 리쾨르의 해석학은 대응이라는 모티프를 중요하게 여기지만, 대응의 성격은 진리 대응론과는 다르다. 즉 텍스트는 언어 밖의 대상에 근거를 두고 생성되었지만 대상의 속박을 받지 않는다. 도리어 미메시스3의 과정을 통해 텍스트 밖의 세상이 텍스트에 의해 규정된다.

2. 미메시스2와 정합의 모티프

정합의 모티프도 리쾨르의 해석학에서 아주 중요하다. 그가 이야기의 해석학을 논할 때 특별히 정합의 모티프가 중요하게 대두되지만 그의 초기 해석학에서도 이 모티프의 중요성을 찾을 수 있다. 예를 들어 리쾨르가 의미의 두 축으로 어의(sense)와 지시(reference)를 말했을 때, 지시는 대응과 밀접한 연관이 있고, 어의는 정합과 밀접한 연관이 있다.

리쾨르의 텍스트 해석학에서도 정합의 모티프가 중요하게 등장한다. 특히 설명(explanation)의 단계에서 정합이 중요하다. 리쾨르는 텍스트가 그 자체 내의 관계로 연구될 수 있다고 지적했었다. 외부의 세계를 지시하지 않고, 텍스트 안의 각 요소들의 상호 관계를 분석하는 것이 가능하다. 설명을 통해서 텍스트는 내적인 정합성을 확인받게 된다.

이야기의 해석학에서 정합의 모티프는 미메시스2와 밀접하게 연관된다. 형상화(configuration), 구성(emplotment), 이야기 기능(narrative function) 등은 전부 정합과 관련된다. 이 과정을 통해 이질적인 다양한 요소들, 예를 들어 인물, 사건, 의도, 원인등과 같은 것들이 하나의 일목요연한 주제로 엮이게 된다.

그런데 정합적 진리론에서 생각하는 정합과 리쾨르의 해석학에서의 정합은 그 내용을 보면 많이 다르다. 정합적 진리론에서 정합의 관계는 논리적 관계이다. 그러나 리쾨르는 말한다.

> 이제는 우리가 전통적인 진리 개념을 수정해야만 할 때가 되었다. 우리는 논리적 정합이나 경험적 검증만이 진리를 보증한다는 생각을 바꿔야 한다... 진리를 논할 때 허구를 통한 행동의 변혁도 언급되어야 한다.[1)]

이야기에서 정합성이란 줄거리 구성을 통해 이루어진다. 정합의 모티브는 형상화의 단계에서 매우 중요한데, 허구 이야기와 역사 이야기 두 경우에 모두 적용된다. 즉 정합적 진리론과 리쾨르의 해석학은 모두 정합성을 강조하지만 정합성이 전자에서는 엄격한 논리적 일치관계로 이해되고, 후자에서는 다양한 요소를 의미있는 전체로 엮어내는 창조적 구성으로 이해된다.

또한 정합적 진리론에서는 정합이 진리의 필요충분조건이었다. 그러나 리쾨르의 해석학에서 정합은 한 부분이고 한 단계이다.[2)]

---

1) Paul Ricoeur, "On Interpretation," in *After Philosophy: End or Transformation?*, ed. K. Bayned, J. Bohman, and T. McCarthy (Cambridge, Mass: MIT Press, 1987), 370.

2) 정합은 부분적이다. 왜냐하면 의미의 생성과 이해에 있어서 정합성만이 중요한 것이 아니기 때문이다. 정합은 또한 해석의 한 단계에 불과하다.

3. 미메시스3과 실용적 가치

이제 우리가 살펴볼 세 번째 모티프는 실용적 가치(pragmatic value)이다. 실용적 가치의 모티프는 미메시스3과 밀접한 연관이 있다. 미메시스3은 재형상화(refiguration)의 단계로 독자의 세계가 만들어지는 단계이다. 실용주의 진리론에서 말하는 실용적 가치는 진리를 인식한 결과 생기는 구체적인 변화이다. 윌리암 제임스(William James)는 이런 질문을 했다.

> 참인 관념이나 믿음을 주어라. 그것이 참인 것이 우리의 실제 삶에서 어떤 구체적인 차이를 만들어내는가? 진리가 어떻게 실현될 것인가? 그 믿음이 거짓일 경우와 비교해서 어떤 차이가 그것이 참임으로 경험되는가? 간단하게 말해서, 경험이라는 측면에서 그것의 현금가(cash-value)가 무엇인가?[3]

리쾨르의 해석학에서 유용성은 실용주의 진리 진리론에서 처음 강조되지는 않는다. 그러나 해석을 통하여 만들어지는 세계는 실제적인 효과를 지니고 있다. 리쾨르에 의하면 독서 가운데 독자는 생산적 상상력(productive imagination)을 통해 자신의 세계를 창조한다. 이 세계는 단순히 상상의 세계가 아니라 상징의 매개를 통해 독자가 거주하는 세계이다. 이 세계는 독자가 계시와 변혁을 체험하는 세계이다. 진리의 실용적 가치는 리쾨르의 해석학의 세계와 자아의 변화와 밀접한 연관이 있다고 말할 수 있다.[4]

---

3) William James, *Pragmatism: A New Name for Some Old Ways of Thinking* (New York: Longman Green and Co., 1907), 77.

4) Paul Ricoeur, *Time and Narrative*, III, 158.

4. 리쾨르의 해석학과 진리

우리는 지금까지 전통적인 진리론의 세 가지 모티프가 리쾨르의 해석학에서 어떻게 다뤄지고 있는지를 살펴보았다. 대응과 정합, 실용적 가치라는 세 가지 모티브는 어떤 진리이론도 무시할 수 없는 중요한 요소이다. 그러나 이 세 모티브는 각각 다른 진리론에 의해 진리의 배타적 본질로 주장되었기 때문에 어느 한 이론을 받아들이면 다른 두 이론은 배격해야 한다. 이것이 진리의 문제가 갖고 있는 아포리아적 특징의 하나였다. 그런데 리쾨르의 해석학에서는 이 세 모티프가 해석학의 전체 구조 속에서 조화를 이룬다. 세 모티프는 각각 다 중요하고, 상식적으로 기대되는 진리의 중요한 속성인데, 그것을 하나의 이론 속에 다 포함시켰다는 것은 그동안 진리론이 안고 있었던 큰 숙제를 해결한 셈이다.

리쾨르를 통해서 우리가 얻게 된 또 다른 소득은 진리의 담지자에 관한 부분이다. 전통적으로 진리의 담지자는 하나의 명제였다. 그러나 리쾨르의 해석학에서 진리를 담는 그릇은 가장 작은 단위가 은유이고, 그 다음 텍스트, 이야기 등이 된다. 또한 확장된 텍스트 이론을 적용하면 예술 작품, 정치적 행동, 제의 등의 확장된 텍스트도 진리의 담지자가 될 수 있다.

리쾨르의 해석학이 하나의 진리론은 아니다. 리쾨르가 계속 관심을 갖고 있었던 것은 어떻게 하면 해석을 더 잘 할 수 있는가라는 과제였다. 그런데 우리는 리쾨르의 해석학을 살펴보면서 전통적인 진리론들이 관심을 가졌던 모티프들이 그의 해석학에서 중요하게 다뤄지는 것을 발견했다. "무엇이 진리냐"는 질문을 하고 간단한 답을 얻으려 한다면 리쾨르의 해석학이 도움이 되지 않겠지만 전통적인 진리론이 중요하게 여겼던 주제들에 대해 깊은 성찰을 하면서 진리가 무엇인지 규명하려고 한다면 리쾨르의 해석학이 큰 도움이 될 것이다. 진리는 직접적으로 물어서 답을 얻을 수 있는 것이 아니고, 해석을 하고 의미를 찾는 과정을 통해 발견되고 경험되는 것이다. 리쾨르는 자신의 해석학과 진리의 관계에 대해 이렇게 언급했다.

> 후기 하이데거의 진리론이 전통적 진리 대응론을 비판하고 진리를 현현(manifestation)으로 보는 것에 영향을 받아서 나는 은유와 이야기가 독서를 통하여 인간의 경험의 숨겨진 차원을 드러내고 이 세계를 보는 눈을 바꿈으로 실재를 재구성한다고 주장하게 되었다.[5)]

5) Paul Ricoeur, "Intellectual Biography," in *The Philosophy of Paul Ricoeur*, ed. Hahn, 47.

5.
다학제적 속의 진리

1. 과학과 인문학에서의 진리

1) 토플러의 『부의 미래』에 나타난 진리관

알빈 토플러는 부인과 함께 쓴 『부의 미래』에서[1] 진실을 어떻게 가려내는가 하는 것이 인류의 역사에서 매우 중요한 과제였다고 지적한다. 과거에는 철학자, 신학자, 인식론자들이 진실을 가려내는 문제에 도움을 주었는데, 지금은 점점 전문분야가 생기고, 진리가 연관된 문제들이 다양한 성격을 띠게 됨으로, 진실의 문제를 가리는데 이들에게 더 이상 의지할 수는 없다고 한다. 무엇이 진실인지를 판단하는 방법은 사람과 문화, 시기에 따라 다르고 여러 가지일 수 있겠지만, 가장 보편적인 방법으로 여섯 가지를

---

1) 앨반 토플러, 하이디 토플러, 김중웅 역, 『부의 미래』(청림출판, 2006). 원저는 Alvin Toffler and Heidi Toffler, *Revolutionary Wealth* (New York, Knopf., 2006).

들 수 있다고 한다.[2)]

첫째는 합의다. 우리가 진실이라고 부르는 것의 대부분은 합의(consensus)에 의해 규정된다. 이는 인습적인 지식이다.

둘째는 일관성이다. 어떤 사실이 진실이라고 여겨지는 다른 사실들과 부합할 경우, 이 사실 또한 진실이 될 가능성이 있다.

셋째는 권위이다. 종교 뿐 아니라 일반 영역에서도 권위는 매우 중요한 진리의 근거가 된다. 유명한 투자가인 워런 버핏(Warren Buffet)의 말은 투자자들에게는 진리의 말로 여겨진다. 세계적인 뉴스매체가 전하는 소식을 대부분 진실로 받아들이는 것도 권위 때문이다. 최근에는 유명 연예인들의 영향이 진리가 무엇인지 판단하는데 중요한 역할을 하기도 한다.

넷째는 계시다. 어떤 이에게는 진리가 불가사의한 계시에 근거하는 경우가 있다.

다섯째는 내구성이다. 진리가 시간의 시험을 견뎌냈는가? 실제 경험한 바 있는 진실인가? 등의 질문은 내구성(durability)과 관계있다.

여섯째는 과학이다. 토플러는 말하기를 과학은 다른 기준들과는 다르다. 과학은 "혹독한 시험을 거쳐 진실을 검증하는 유일한 기준이다."[3)] 그러나 토플러는 말하기를 실제 생활에서 과학은 지금까지의 다양한 기준 중 사람들이 가장 무시하는 것이라고 한다. 일상적인 생활에서, 예를 들어 애완견을 살 때나, 영화를 고를 때나, 친구를 사귀거나 혹은 사업상의 결정을 할 때도 과학적인 결정을 하는 경우가 드물다는 것이다.

그는 과학은 단순히 사실의 집합이 아니라고 말한다. 과학은 무질서하

2) 토플러, Ibid, 187-195.

3) Ibid., 190.

게 흐트러져 있고 비연속적인 관념들을 시험하는 과정이다. 시험은 관찰과 실험으로 이루어지는 결과이며 반복과 예측이 가능해야 한다. 이런 시험을 거치지 않는 지식은 과학이라고 할 수 없다. 그러므로 가장 설득력있는 과학적 발견이라 해도 불완전하고 모호하며, 새롭게 과학적으로 증명된 발견 앞에서 조사받고, 수정되고, 혹은 포기되는 일도 있다고 한다.

토플러는 이런 이유로 과학은 위의 여섯 가지 방법 중 유일하게 자기비판 기능을 갖고 있다고 말한다. 여러 종류의 맹신주의에 대해 천성적으로 반대하는 성질을 가진 유일한 분야가 과학이라고 한다. 모든 과학적 발견은 개선될 수 있고, 개선되어야 하며, 그렇지 않으면 폐기해야 한다는 생각이 과학을 다른 기준보다 우월한 기준으로 만든다고 한다. 과학만이 자체 수정이 가능하다. 다른 다섯 가지의 기준은 고정적이거나 변화를 거부하는 농경사회적 성향을 지닌 반면, 과학은 변화에 활짝 열려 있다고 토플러는 주장한다.[4)]

과학적 방법의 발명은 인류에게 미지의 사실을 밝혀내는 새로운 진실 여과 장치이자 시험이며, 강력한 메타 툴(meta tool)로서 기술 변화와 경제발전에 박차를 가했다고 토플러는 평가한다.

위와 같은 토플러의 진리에 대한 이해는 한 마디로 말하면 진리를 얻을 수 있는 유일한 방법은 과학적 방법이라는 것이다. 이런 그의 입장은 “인문학”적 가치에 대한 비판으로도 연결된다. 예를 들어 그는 플라톤, 아리스토텔레스, 공자, 칸트 등의 사상은 지혜라고 말할 수 있겠지만, 그들의 지혜는 그들이 아는 사실, 즉 그들이 가진 지식에 근거해 있으며, 그 지식은 대

4) Ibid., 192.

부분이 사실상 거짓이었다고 지적한다.[5] 지식은 시간이 지남에 따라 무용지식이 되는데 이들의 지혜는 무용지식에 근거해 있다는 것이다. 그렇다면 그 지혜도 무용지혜라는 것인가에 대해 토플러는 언급하고 있지 않다.

토플러는 종교에 대해서도 비판적인 입장을 견지한다. 계몽주의 이후 오래된 믿음이 반드시 진실이라는 인식은 사라지게 되었고, 그와 함께 종교적 권위가 상대적으로 가치 하락하게 되었다. 종교가 우주와 진실의 유일한 근본이라는 주장은 뒤엎어졌고, 사제나 목사는 더 이상 신뢰할만한 최고 지식의 원천의 자리를 차지할 수 없게 되었다.[6] 일방적 합의, 종교적 계시론 또는 권위에 대한 맹목적 수용을 바탕으로 의사결정을 하면 오류에 빠질 수 있으므로, 진실을 관찰하고, 새로운 지식이 추가될 때마다 그것을 실험 대상으로 삼아 끊임없이 도전하고 재고하는 과학 정신에 따라야 한다는 것이 토플러의 입장이다.

그는 더 나가 과학의 권위에 도전하는 "다양한 공격들"에 대해서도 매우 비판적이다. 그는 이것을 "과학에 대항하는 게릴라전" 이라고 표현하는데, 이것은 단순히 과학적 사실에 대한 도전이 아니라 과학 자체를 평가절하하는 시도라고 토플러는 말한다.[7] 이들의 목표는 "과학적인 행동 방법이 어떻게 변화해 나갈지, 과학자들이 무엇을 연구하고 연구하지 않을지를 강제하는 것이다. 좀 더 깊이 들어가면 그것의 목적은 진실을 구별하는 방법의 하나인 과학에 대한 의존을 줄여 전 세계에 걸친 진실 변이(truth-shift)

---

5) Ibid., 169.

6) Ibid., 209.

7) Ibid., 195.

를 강행하려는 것이다."[8] 만약 이들의 시도가 성공한다면, 세계의 고난과 빈곤을 줄일 수 있는 기회가 박탈되고, 다가오는 세기는 암흑기가 될 것이라는 것이 토플러의 주장이다.

위에서 점차로 드러나는 것은 토플러의 과학적 방법에 대한 신뢰가 다른 영역에 대한 노골적인 불만으로 연결된다는 것이다. 토플러는 "과학에 대항하는 게릴라"의 예로 동물권익 옹호자, 환경보호주의자, 여성주의자, 종교적 창조론자, 뉴에이지, 포스트모더니즘 등을 든다. 그는 유전자 변형 음식 반대 운동도 과학을 대상으로 한 전쟁의 한 예로 든다.[9] 과학에 대해 비판적 입장을 위하는 위의 모든 입장들을 1990년대 폭탄 테러범인 유나버머(unabomber)와 중국 파룬궁 공중부양사들, 외계인 신봉자들과 비슷한 부류로 취급한다. 포스트모더니즘에 대한 그의 평가는 그가 인문학에 대해 어떤 입장을 갖고 있는지를 단적으로 보여준다.

> 포스트모더니즘은 모든 진실이 과학적이든 그렇지 않든 주관적이며, 사람의 머릿속에만 존재할 뿐이고, 미숙한 자기중심적 사고로 치달을 뿐이라고 말한다. 이러한 이론 때문에 포스트모더니즘의 주장은 본질적으로 입증이 불가능하다. 설사 그들의 말이 사실이라 해도 우리는 그것이 사실이 아닌 것처럼 일상을 살아가야 한다... 포스트모더니즘에는 본질적으로 과학을 불신하도록 만들려는 의도가 숨어 있다. 진실이라는 개념 자체에 의문을 품기 때문에, 극단적으로는 모든 진실의 기준을 뒤흔들고 있다. 이런 면에서 포스트모더니즘은 만병통치약이라고 떠드는 약장수나 사이비 교주, 사기꾼, 우리를 철저하게

---

8) Ibid., 195.

9) Ibid., 198.

속이려는 이들...과 다를 바 없는 모양새가 된다.[10)]

토플러는 전문적인 철학자나 과학자가 아니고, 그의 책이 학술적인 목적으로 씌어진 것도 아니지만, 그가 진리에 대해 갖고 있는 생각은 파급효과가 크다. 그의 책에 담겨져 있는 직,간접적인 인문학에 대한 반감은 오늘날 인문학을 위기로 몰고간 상황과 무관하다고 할 수는 없다. 과학과 인문학은 꼭 이렇게 충돌을 해야만 하는 것인가? 근대 과학의 태동 과정과, 인문학 쪽에서의 과학에 대한 비판을 살펴보면서 이 문제에 대한 답을 모색해보자.

2) 자연과학의 등장과 특성

자연과학과 인문과학은 서로 대립되는 관계에 있다고 많은 사람들이 생각한다. 우리가 보통 과학 하면 자연과학을 뜻한다. 인문과학과 사회과학에도 과학이라는 단어가 들어가지만 이때 과학은 자연과학의 과학과 동일한 뜻을 갖고 있는 것은 아니다.[11)] 편의상 과학을 자연과학을 뜻하는 것으로, 그리고 인문학을 인문과학과 사회과학, 그리고 예술, 종교, 신화, 상상력 등을 포함하는 것으로 규정하고, 진리의 문제에 대해서 과학과 인문학

10) Ibid., 24.

11) 사회과학은 인문과학보다 자연과학과 유사한 점이 많다. 사회과학도 탐구의 대상을 자기 밖에서 찾고, 일반적인 귀납적 논리와 연역적 논리를 사용하고 있으며, 인과율과 같은 법칙을 중요하게 생각하고 있다. 그러나 리쾨르의 말대로 사회과학의 법칙은 준-법칙(quasi-law)의 특성을 갖고 있다. 리쾨르의 입장에 따라 사회과학도 인문학의 범주에 넣어서 논의를 진행하려고 한다. 참고: 계명대학교 인문과학연구소 편, 『인문학의 전통과 새로운 지평』(계명대학교출판부, 2004), 7.

이 갖고 있는 입장이 서로 어떤 관련이 있는지를 리쾨르의 해석학의 도움을 받아 규명해보려고 한다.

과학과 인문학이 서먹서먹한 관계가 된 것은 인류의 역사를 생각해볼 때 그리 오래 된 것은 아니다. 중세 대학에서는 철학과 과학을 서로 구분하지 않고 가르쳤고, 동일한 학과에 속한 교수들이, 어떤 때는 같은 교수가 이 두 영역의 과목을 가르쳤다.[12] 그러나 16세기 이후 근대 과학이 발전하면서 과학과 인문학은 서서히 분리되기 시작하였다. 18세기에 이르기까지 과학의 혁명적 발전이 진행될 때도 과학과 철학은 어느 정도 긴밀한 관계를 유지하고 있었다. 베이컨, 데카르트, 라이프니츠, 홉스, 파스칼 등과 같은 철학자들은 과학적 연구에 깊이 종사했고, 갈릴레오, 보일, 뉴턴 같은 과학자들은 이들은 자신을 철학자로 규정했었다. 그러나 산업혁명이 진행되고 과학과 기술이 결합하여 문명의 큰 발전이 이루어지면서 과학과 인문학의 관계는 소원해지게 되었고, 또 그 둘 사이에 우열의 관계가 생기게 되었다.

근대 과학이 태동하게 된 이유 중 중요한 것은 종교개혁과 르네상스를 통해 교회의 전통적 권위가 무너지면서 절대적 진리나 불변의 실재에 대한 확신을 가질 수 없게 된 사람들이, 절대적 확실성 대신 상대적 확실성이라도 확보하자는 욕구였다고 한다.[13] 이제 과학자들은 실재하는 본질이나 원인을 찾는데 보다는 현상을 기술하는데 더 관심을 기울이게 되었고, 현상을 기술하면서 자연과학 나름대로의 독특한 특성을 발전시키게 되었다.[14]

근대 과학의 첫 번째 특성은 경험과 실험의 강조라고 볼 수 있다. 관찰하

12) 김영식, 『과학, 인문학 그리고 대학』(생각의 나무, 2007), 86.

13) Ibid., 88-89.

14) Ibid., 91-94.

고, 경험적으로 확인할 수 있는 영역에 과학의 탐구가 집중되었고, 또 이런 방법은 그 영역에서 매우 신뢰할만한 지식의 진보를 이룩했다.

두 번째 특성은 수학의 중요성이다. 이 시기 수학 이론 자체가 많이 발달하였는데, 수학은 자연 현상을 이해하고 설명하는 가장 중요한 원리로 자리를 잡게 되었다.

세 번째 특성은 기계론적 세계관이라 할 수 있다. 기계론은 자연 세계가 물질과 운동으로만 이루어졌다고 가정하는데, 이런 입장에서 과학적 탐구를 진행하여 많은 성취를 얻게 되었다.

이 모든 것을 통합하여 하나의 과학적 체계로 완성시킨 사람이 뉴턴이다. 뉴턴은 단일한 방법, 단일한 관점에서 모든 것을 설명하므로 지식에 대한 새로운 모델을 만들어 내었으며, 이것은 과학의 발전의 가장 중요한 정초가 되었다.

오늘 인류가 누리고 있는 문명은 이와 같은 자연과학의 발전이 없었으면 불가능 했을 것이다. 이런 관점에서 볼 때 자연과학의 방법이야말로 인간의 모든 지식에 적용할만한 가장 신뢰할만한 인식의 방법이라는 생각이 들 수도 있다. 어떤 의미에서 과학은 오늘날 가장 신뢰할만하고, 정확하고, 생산적인 인식의 방법으로서 특권적 지위를 누리고 있다고 할 수 있다. 이에 반해 인문학은 과학의 성취에 비교할만한 가시적 성취를 이루지 못하고 실용성이 떨어지므로 과학에 비해 열등한 인식의 방법으로 취급당하기도 한다.

3) 계몽주의 주장에 대한 크로산의 비판

그러나 이와 같은 과학적 사고의 특권적 지위에 대한 비판이 없는 것은 아니다. 크로산(Crossan)은 과학에 대한 과신은 계몽주의가 갖고 있는 세 가지 잘못된 주장에 기인한다고 말하면서 근대 과학 정신의 특권적 지위를 비판한다. 크로산에 의하면 계몽주의는 다음과 같은 세 가지 주장을 하고 있다.[15)]

계몽주의의 첫 번째 주장은 과학의 언어가 예술의 언어보다 우월하다는 주장이다.[16)]

계몽주의의 두 번째 주장은 인류의 지식은 모든 분야에서 서서히 진화적 진보를 하고 있다는 주장이다.

세 번째 주장은 판단을 하는 인간 주체와 독립된 객관적인 실재가 외부에 존재한다는 주장이다.[17)]

계몽주의의 이 세 가지 주장과 그에 대한 크로산의 비판은 우리의 논의와 관련하여 매우 중요하므로 자세하게 살펴보려고 한다.

과학이 예술보다 우월하다고 주장하는 대표적인 인물로 크로산은 C.P. 스노우(C.P. Snow)를 언급한다. 스노우는 그의 유명한 책 『두 문화』(Two Cultures)와 그 후의 글에서 과학과 예술을 나누고, 과학을 예술보다 우월한 것으로 규정했다. 스노우에 의하면 이해에는 두 가지 종류가 있고 경험의 형태도 두 가지가 있다. 첫 번째 방식의 이해는 과학인데, 과학은 기존의 구조물 위에 벽돌을 한 장씩 쌓아 더 큰 구조물을 만드는 것처럼, 정확

---

15) Dominic Crossan, *The Dark Interval : Towards a Theology of Story* (California : Polebridge Press, 1988), 7-10.; 크로산은 계몽주의라는 단어를 포괄적으로 사용하여, 근대 과학을 포함하는 의미로 사용한다.

16) 크로산이 과학과 예술을 대조하는데, 예술에는 인문과학, 종교, 신앙, 상상력 등이 포함되어 있고, 과학에는 사실, 이성 등이 포함되어 있다.

17) Ibid., 6.

한 정합의 관계에 의해 구축되는 지식의 체계이다. 두 번째 방식은 인문적 문화(humanist culture)인데, 이 방식은 과학과 같은 특징이 결여된 방식이다.[18]인문적 문화의 창작물들은 그들을 하나로 묶어주는 보편적인 합의와 공동의 정신에 도달하지 못한다. 과학에서는 지식이 축적되고, 조합되고, 수집되고, 합의될 수 있는 것이어서 시간이 지나갈수록 진보하도록 되어 있다. 인문학에서 지식은 축적할 수 없고, 조합이 불가능하며, 분리도 안 되고, 접합도 안 된다.

스노우에 대한 크로산의 비판은 정말 항상 신뢰할 수 있는 과학의 언어라는 것이 존재 하느냐는 것이다. 어떤 대상에 대해 직접적으로, 객관적으로 서술할 수 있는 언어가 과연 존재하는가? 크로산은 이 세상의 모든 언어는 간접적 언어라고 주장 한다. 크로산의 이런 비판은 20세기 초 철학 계에서 "언어로의 전환"이 있은 후 보편적으로 받아들여지고 있는 입장이다.[19]

크로산이 말하는 계몽주의의 두 번째 잘못된 주장은 진화적 진보에 관한 것이다. 이 주장은 인류가 시간이 지남에 따라서 모든 면에서 더 좋은 쪽으로 변하고 있다는 신념이다. 과학의 발전으로 인류가 자연을 점점 더 잘 이해하고 조작할 수 있게 된 것을 보면 이런 신념이 맞는 것 같기도 하다. 그러나 크로산은 인류는 시대에 따라서 변화를 경험하기는 하지만 그것이 꼭 진보는 아니라고 지적한다.[20] 특별히 예술을 생각해 볼 때 반드시 최근의

---

18) Ibid., 11.

19) James Foder, *Christian Hermeneutics: Paul Ricoeur and the Refiguring of Theology* (Oxford: Clarendon Press; New York: Oxford University Press, 1995), 2, 171.

20) Crossan, Ibid., 13.

것이 과거의 것보다 더 우월한 것은 아니라고 한다. 시인 엘리엇(T.S. Eliot)의 표현대로 "예술은 진보하지 않는다. 하지만, 예술의 재료는 결코 동일하지 않다."[21] 크로산은 더 나가서 예술뿐이 아니고 과학도 그런 것이라고 주장한다.

『과학 혁명의 구조』(The Structure of Scientific Revolution)에서 토마스 쿤(Thomas S. Kuhn)은 과학이 지속적이고 누적적인 진보를 이루는 것이 아니라는 것을 밝히면서 마스터 패러다임(master paradigm)이라는 개념을 도입했다.[22] 어떤 주어진 패러다임 내에서 지속적 진보가 확실하게 발견될 수도 있다. 그러나 한 패러다임에서 다른 패러다임으로 바뀔 때는 연속적인 진보가 일어나는 것이 아니고, 새로운 창조가 일어나는 것이라고 한다. 과학에서 마스터 패러다임이 창조되는 순간은 시인이 환상적인 영감을 얻는 순간과 비슷하다.

크로산은 신석기 시대의 과학이 현대 과학에 비해서 아주 열등한 것이라는 일반적인 판단에 대해, 그것은 과학적 수준의 차이가 아니고, 자연에 접근하는 방식의 차이라고 말한다. 신석기 시대의 과학은 자연과 공존하고 상상력을 활용하는 방식이었다면 현대 과학은 자연을 조작하고 상상력을 제거하는 접근방법이라는 것이다.[23] 아직도 현대 과학이 신석기 시대의 과학보다 우월하다고 주장하는 사람을 위해 크로산은 현대 과학이 어떻게 자연을 파괴하고 훼손시켰는지 생각해보라고 한다. 신석기 시대인이 인류와 지구의 안녕을 손상시키지 않으면서 이룩한 과학이 더 위대할 수도 있다고

21) Ibid., 14.

22) Kuhn, *The Structure of Scientific Revolution*, 126.

23) Crossan, Ibid., 18.

크로산은 말한다.

크로산이 비판하는 계몽주의의 세 번째 주장은 판단을 하는 인간 정신과 독립해서 외부에 객관적인 실재의 세계가 존재한다는 것이다.

이 주장에 의하면 데이터와 사실들은 바깥에 있고, 우리는 그것들을 객관적이고 중립적으로 관찰해야 하며, 그것들을 공평하고 편견 없이 설명하기 위한 이론을 수립해야한다. 그러나 크로산은 말하기를 포퍼(Karl Popper)나 메리 헤세(Mary Hesse)와 같은 과학 철학자들에 의하면, 관찰은 특정한 이론이 확립된 후에 가능한 것이며, 관찰을 통해 이론이 정립되는 것은 아니라고 한다. 관찰은 사건을 보고 그대로 기술하는 것이 아니라, 벌써 사건에 대한 해석이며, 이 해석은 같은 언어를 사용하는 집단이 공유하는 가정의 틀(framework of assumptions)의 영향을 받는다는 것이다. 예를 들어 어떤 물질의 속성에 대한 과학적 분석을 할 때, 과학자는 특별한 관점에서 분석 하게 된다. 질량, 강도, 전기전도율, 내구성, 내열성 등 여러 관점에서 분석을 할 수 있다. 그런데 이런 분석을 통해서 밝혀지는 것은 물질 자체가 갖고 있는 모든 속성이라기 보다는 인간의 필요에 의해 선택된 속성들이다. 예를 들어 반도체가 갖고 있는 속성 중 전기전도율은 비교적 최근에야 물질의 중요한 속성으로 여겨지게 되었다. 과학이 객관적인 자연의 세계를 중립적으로 관찰한다고 하지만, 대상의 선택과 대상에서 어떤 속성을 분석할 것인가 하는 선택은 중립적일 수 없다. 논리적 필연성에 의해서 특정한 대상과 속성을 선택하는 것이 아니고 우연적 동기에 의해 그런 결정을 내리게 되는 것이다. 물질의 속성 중 과학자들이 아직 파악하지 못한 부분도 많이 있다는 것을 생각해볼 때, 과학자들이 현재 파악하고 있는 자연 세계도 주관적 선택에 의해서 구축된 세계라고 말할 수 있다.

이상으로 크로산이 계몽주의의 세 가지 주장, 즉, 과학적 언어의 우월성, 지식의 축적을 통한 진보, 언어 밖의 실재 세계에 대한 확신을 비판한 것을 살펴보았다.

4) 리쾨르의 해석학의 틀에서 본 과학과 인문학의 진리

이제는 지금까지의 자연 과학에 대한 논의와 리쾨르의 해석학이 어떤 관련이 있는지를 생각해 볼 차례이다.

우선 우리가 기억해야 할 것은 리쾨르는 자연과학에 적합한 해석은 설명(explanation)이고, 인문과학에 적합한 해석은 이해(understanding)라는 낭만주의적 해석학의 이분법을 거부했다는 사실이다. 리쾨르에 의하면 설명과 이해는 해석학적 과정에 포함되는 단계들이다. 리쾨르는 텍스트 해석학에서 텍스트 내의 관계를 자세하게 분석하고 그 구조를 밝히는 것과 텍스트와 텍스트 밖의 대상 간의 관계를 규명하는 것이 설명의 단계에서 이루어 져야 한다고 주장했었다. 텍스트의 작은 부분을 자세하게 살필 때 앞에서 살펴본 과학적 탐구와 같은 방법이 적용된다. 설명의 단계에서는 기하학만큼이나 엄밀한 논리적인 정합성(coherence)과 고고학 발굴과 같이 치밀한 탐구를 통해 밝혀지는 외부 대상과의 대응(correspondence)이 매우 중요한 요소가 된다. 이 설명의 단계가 마무리되면 이해의 단계로 넘어가게 된다고 하는데, 이해는 부분들이 모여있는 전체를 보고 그 의미를 파악하는 것이다. 부분에서 전체로, 전체에서 다시 부분으로 관심을 맞추면서 해석은 설명과 이해의 순환적 운동을 하게 된다.

리쾨르의 해석학에서 과학의 중요성과 의의는 바로 이 설명의 단계에서 드러난다. 리쾨르는 과학을 중요시 생각한다. 그러나 과학적 해명만으로 해석이 완성되는 것은 아니라고 본다. 과학적 설명은 해석을 하기 위한 준비 과정이지 그 자체가 목적이 되지는 못한다. 그렇지만 과학적 설명이 없이 해석은 오류에 빠질 가능성이 많다. 과학적 설명을 통해 주어진 텍스트가 다양하게 해석될 수 있는 범위가 정해진다. 그 범위를 넘어가는 해석은 명백하게 잘못된 해석이라고 여겨지는 그런 중요한 경계를 과학적 설명이 결정하는 셈이다. 이런 점에서 볼 때, 리쾨르의 해석학에서 과학의 역할은 중요하다고 할 수 있다. 그렇다면 과학은 해석을 위해서 복무하는 하나의 열등한 인식 방법인가? 해석에서 과학의 중요성과 한계를 좀 더 이해하기 위해 하나의 예를 들어보자.[24)]

우리의 일상생활에서 색(color)이 중요한 역할을 한다. 어떤 색은 우리의 마음을 편안하게 하지만, 다른 색은 불안하게 한다. 동일한 색이라도 문화적인 배경에 따라 아주 다르게 인식할 수도 있다. 예를 들어서 붉은 색은 한국 사회에서 오래 동안 금기시 되어온 색이었다. 레드 콤플렉스라는 말이 있듯이 붉은 색은 한국 사회에서 불순한 색깔, 반항의 색깔, 공산당의 색깔이었다. 그런데 2002년에 붉은 색에 대한 인식에 큰 변화가 일어났다. 월드컵을 통해서 “붉은 악마”가 등장하면서 한국인의 붉은 색에 대한 인식이 혁명적으로 바뀌었다.

색이라는 것은 과학적으로 분석해보면 파장이 다르기 때문에 다른 색으로 보이는 것이다. 인간은 400에서 700nm나노미터의 파장을 갖고 있는

24) 다학제 속의 진리에 대해 논할 때 가능한 한 일상적인 예를 들어 보려고 한다. 이렇게 함으로 진리에 관한 논의가 단순히 학술적인 논의가 아니라 우리의 실제적인 삶과 밀접한 연관이 있음이 밝혀질 것이다.

빛을 볼 수 있다. 붉은 색은 약 650nm의 파장을 갖고 있고, 파란색은 약 475nm의 파장을 갖고 있다. 이것은 과학적인 사실이고, 이것을 밝힌 것은 과학의 업적이다.

우리가 색의 과학적 특징을 살펴볼 때, 우리의 일상적인 대화에서 색에 대한 언급은 매우 비과학적이다. 붉은 색, 파란 색이라고 하는 것보다 "650nm 색", "475nm 색"이라고 명명하면 훨씬 정확할 것이다. 그러나 우리는 여전히 애매모호한 형용사를 사용해 색을 지칭한다. 그리고 색이 우리에게 주는 의미는 몇 nm인가 하는 숫자 보다는 한 문화나 사회가 여러 다양한 색깔에 부여한 상징성에 의존한다.

과학은 대상을 분석하고 비교하여 그 본질을 규명해준다. 색에 대해서 과학은 가장 합리적이고 객관적으로 우리에게 설명을 해준다. 그러나 그렇다고, 과학이 인간들이 색을 어떻게 인식하는지를 완벽하게 설명하거나 예측할 수 없다. 인간이 색을 어떻게 인식하느냐 하는 것은 색 자체에 있는 어떤 속성 때문이 아니고, 그보다는 훨씬 복잡한 여러 요소 때문이다.

과학적 진리는 "파란색은 475nm의 파장을 갖는다"는 식의 진리이다. 그리고 이 진리에 대해서는 논란의 여지가 없다. 물론 우리가 잘못 알고 있는 과학적 상식도 있겠지만, 과학적 진리에 대해서는 큰 논란이 없고, 또 설득이 가능하다. 그러나 "붉은 색은 나쁜 색이다"라는 말이 참인지 거짓인지를 우리는 쉽게 결정할 수 없다. 이런 주장에 대해서는 다양한 입장이 있을 수 있고, 또 시간이 지남에 따라 입장이 바뀔 수도 있다. 우리가 진리에 대해 얘기할 때, 논란의 여지가 없는 성격의 진리에 대해서는 굳이 말을 많이 할 필요가 없다. 그러나 다양한 입장이 있을 수 있는 주장에 대해서는 면밀하게 그 주장을 살펴봐야 한다. 진리 주장의 대립이 있을 때 어떻게 해결을 해야 하는지 숙고해야 한다.

인문학과 과학의 차이는 이에 빗대어 볼 수 있다. 과학이 색깔의 본질을 객관적으로 분석한다면, 인문학은 색깔이 인간에게 주는 의미를 다룬다. 과학의 진리는 그 방법이 적용되는 범위 안에서는 매우 유용하지만, 적용할 수 있는 범위의 한계가 있다. 인문학은 과학과 같은 엄밀성을 갖고 있지는 않지만 인간에게 실제로 중요한 문제들을 다룬다. 이 점에서 과학과 인문학은 서로를 필요로 한다.

인문학의 특징을 과학과 비교하여 좀 더 체계적으로 살펴보자. 자연과학이 물리적 세계에 속한 사물의 본질과 법칙을 객관적으로 탐구한다면, 인문학은 인간 경험의 다양한 형식과 표현, 의미를 탐구한다. 과학이 인간과 독립하여 존재한다고 생각되는 사물이나 세계에 대한 가치중립적 탐구라면, 인문학은 사물이나 세계에 대해 여러 가지 가치를 부여하는 일을 한다. 인간은 세계 속에 살면서 고유한 입장에서 사물을 바라보게 되는데, 따라서 세계를 저 밖에 객관적으로 존재하는 가치중립적인 대상으로 보지 않고, 항상 자신과 특별한 관계를 갖는 의미 있는 것으로 받아들이는 것이다. 인문학에서 세계는 경험된 세계이다. 동일한 세계가 각자의 의미있는 경험을 통해서 투사되면서 다양한 "경험된 세계"가 만들어 지게 된다.

리쾨르의 삼중적 미메시스이론을 상기하자면, 인문학이 말하는 경험은 미메시스1의 배경 위에서만 가능하다. 오랜 세월동안 만들어진 다양한 관습, 도덕, 세계관, 역사, 역사적 유물, 예술품, 지식, 종교, 문화 등 복잡 다양한 인간 경험의 산물이 전체적인 하나의 개념망을 형성하여 인간의 경험을 의미있게 만든다. 의미의 형성과 해석이 가능한 것은 이 배경이 있기 때문이다. 인문학은 결국 미메시스1, 즉 전형상화(prefiguration)를 배경으로 미메시스2, 즉 형상화(configuration)를 진행하는 모든 인간의 활동에 대한 해석이라고 볼 수 있다. 이 점에서 리쾨르의 해석학 전반은 인문학의 관심과 일치한다.

어떤 사람은 인문학이 탐구하는 인간 경험의 의미는 너무 주관적이고, 애매하고, 일관성을 결여한 것이어서 인문학적 지식의 위상에 대해 의문을 제기하기도 한다. 인문학은 구름잡는 학문이고, 그럴듯한 말장난이라고 강하게 비판하는 사람들도 있다. 이런 비판에 대해 쇼펜하우어가 한 말은 중요한 뜻이 있다: "종이 위에 쓰여진 사상들은 비유컨대 모래 위를 걸어가는 사람이 남긴 발자국에 지나지 않는다. 발자국들을 보고 우리는 그가 어느 쪽으로 갔는지 알 수는 있다. 그러나 그가 걸어가면서 무엇을 보았는지를 알려면 우리는 우리 자신의 눈을 사용하여야 한다."[25] 여기서 발자국은 감각적으로 확인되는 사물의 현상이다. 자신의 눈으로 본다는 것은 현상 너머에 있는 본질을 통찰하는 것을 말한다.

이런 인문학의 특징을 생각해볼 때, 인문학적 경험이 우리에게 주는 지식은 과학이 주는 지식과 다른 점이 많다. 인문학의 진리는 다양하다. 풍부한 인간의 경험의 의미에 대해서 다양한 해석이 가능하기 때문이다. 인문학이 의미, 통찰, 관점, 공감, 상상력, 감수성, 경험, 주관성 등을 취급한다면, 과학은 대상들 자체나 대상들 간의 인과적 연결, 원자적 요소, 통계자료, 법칙, 검증, 관찰, 통합된 실재 등을 다룬다.[26]

인문학적 진리는 이런 점에서 볼 때 다양성을 갖고 있다. 인문학에서 진리는 항상 해석과 함께 존재하는 것이다. 해석은 의미를 파악하는 것이고,

---

25) 계명대학교 인문과학연구소 편, 『인문학의 전통과 새로운 지평』, 117.

26) Ibid., 119.

새로운 의미를 생산해내는 것이며, 다양한 진리와 의미가 있을 때 그곳에 폭넓고 풍성한 진리가 있게 된다. 이런 점에서 인문학의 진리와 과학의 진리는 매우 상이한 영역과 특성을 갖고 있으며, 각각 그 진리의 특성을 알 때, 양자 간에 충돌이 있을 필요는 없다. 다만 과학이 자신의 영역을 넘어서서 인간의 경험을 포함하는 실재 전반에 대해 과학적 방법을 유일한 탐구의 방법으로 적용하려고 할 때,[27] 혹은 인문학이 인문학의 논리로 과학적인 탐구의 과정에 간섭하려고 할 때[28] 양자 간의 충돌이 있어왔다.

전자에 속하는 충돌로는 진화론을 들 수 있다. 과학적 이론으로서의 진화론이 과학의 영역 안에서는 다른 과학적 주장과 동등한 관계에서 그 타당성을 평가받을 수 있다. 그러나 진화론의 가설을 생물학적 현상 뿐 아니라 인간의 역사와 문화 전반에 적용한다면, 그것은 과학의 한계를 넘어서는 것이다. 사회 진화론은 하나의 학문으로서 가치가 있겠지만, 그 때 그 이론은 진화론이 주장하는 것과 같은 과학적 엄정성은 포기해야 한다는 것을 인정해야 한다. 즉 생물학적 진화론의 증거를 사회 진화론의 타당성의 증거로 채택하면 그것은 오류라는 것이다. 과학이 자신의 한계를 넘어서 "인문학적" 주장을 할 때 이 때 과학(science)은 과학주의(scientism)가 되

---

27) 이런 충돌의 예는 앞에서 크로산이 지적한 계몽주의의 과학적 지식의 우월성, 진보적 발전, 외부 세계의 실재성에 관한 주장에서 찾아볼 수 있다. 이런 주장을 인간의 경험 전체에 대해 적용하려고 할 때 그것은 과학의 영역을 넘어가는 것이다. Huston Smith, *Why Religion Matters: The Fate of Human Spirit in the Age of Disbelief* (Harpers San Francisco, 2001), 60, 162.

28) 이 경우의 대표적인 사례로는 중세 교회가 갈릴레오나 코페르니쿠스 등 과학자의 탐구에 간섭한 것을 들 수 있다.

어 버린 것이라고 휴스턴 스미스(Houston Smoth)는 지적한다.[29] 앞에서 살펴본 토플러의 입장도 종종 과학과 과학주의의 경계를 넘나들고 있다고 생각된다.

후자에 속하는 충돌은 중세 시대에 교회가 과학자들의 탐구에 간섭한 경우에서 찾아볼 수 있다. 현대적인 사례로는 과학적 이론으로서의 창조론(creationism)을 들 수 있다. 창조론자들은 하나님이 6일 동안 천지를 창조했다는 성서의 내용을 문자적으로 해석하여 진화론을 비판하고, 그 외의 여러 과학적 주장들, 예를 들어 지구의 나이, 우주의 나이, 화석의 의미 등에 관한 과학적 주장들을 반박한다. 이 입장 역시 인문학이 자신의 영역을 벗어나 진리 주장을 하고 있는 경우라고 볼 수 있다.[30]

지금까지 과학과 인문학의 차이에 대해 살펴보았다. 그러나 근본적인 차이에도 불구하고 이 두 영역의 탐구는 유기적인 관계를 맺고 있다는 것을 기억해야 한다. 과학을 탐구하는 과학자도 인간이기 때문에 자신의 주관적인 견해를 완전히 배제하고 탐구를 할 수 없다. 의식적으로든 무의식적으로든 그가 속한 시대의 정신, 자신의 성장 배경에 따른 가치관, 세계관이 과학적 탐구에 영향을 끼칠 수밖에 없다. 토마스 쿤의 이론에 따른다면, 모

29) "과학주의란 과학적 방법이 진리를 얻기 위한 유일하게 신뢰할만한 방법이라는 주장과 과학이 다루는 것들(물질적 실재)이 우리에게 가장 중요하다는 주장이 결합된 것이다." Huston Smith, *Why Religion Matters: The Fate of Human Spirit in the Age of Disbelief* (Harpers San Francisco, 2001), 60.

30) 「복음과 상황」 2008년 4월호 "한 창조과학자의 회심을 옹호하며"라는 제목의 특집에서 창조과학의 한계와 앞으로의 방향에 대한 논의가 시작된 것은 주목할 만하다. 이 특집에 의하면 창조와 진화의 극단적인 대립은 미국적 현상이며 그 원인은 미국 기독교의 근본주의적 신학에 있다. 「복음과 상황」 210 (2008,4), 32-74.

든 과학자들은 주어진 패러다임 안에서 정상과학(normal science)의 틀 속에서 과학적 탐구를 하게 된다. 그러나 중요한 과학의 변화는 패러다임의 변화에서 오는데 이 패러다임의 변화는 시적 영감과 비슷한 창의성에 의해 이루어진다. 이런 의미에서 완전히 객관적 탐구란 없는 셈이다. 따라서 과학은 항상 인문학적 질문을 던져야 한다.

그렇지만 과학적 탐구는 인문학의 주관적 탐구와는 분명히 다른 엄정함이 있다. 자연과학의 발전으로 이전에 알고 있었던 것이 명백하게 오류로 밝혀지는 경우에 인문학은 새로운 과학의 기초 위에서 인문학을 다시 구축해야 할지도 모른다. 리쾨르가 해석은 설명과 이해 간의 끊임없는 순환을 통해 이루어진다고 한 것을 진리는 과학과 인문학의 끊임없는 순환을 통해 발견된다는 뜻으로 이해해도 큰 무리는 없을 것이라 생각된다.

리쾨르에 의하면 과학과 인문학은 둘 다 설명과 이해라는 과정을 포함한다. 그러나 과학에서는 설명의 단계가 훨씬 강조되는데 반해서 인문학에서는 이해의 단계가 강조된다. 이 점 때문에 과학과 인문학은 서로 다른 종류의 진리를 추구하는 것처럼 오해를 하기 쉬운데 리쾨르의 해석학은 그 오해를 불식시켜준다.

2. 음악의 해석과 진리

1) 음악의 해석과 리쾨르의 텍스트 해석학

리쾨르의 해석학은 보편적 해석학이다. 다시 말해서 특수한 유형의 텍스트의 해석에만 적용되는 기술적인 이론이 아니고, 인간의 언어적 이해 전반에 적용되는 원리라는 뜻이다. 이는 리쾨르가 그의 텍스트 이론을 통하여 텍스트의 뜻을 확장시켰기 때문에 가능해졌다. 물론 굳이 확장된 텍스트의 개념을 도입하지 않더라도 예술, 종교, 사회적 행동 등 의미의 생산과 소통의 다양한 분야에서 어떻게 이해가 이루어지는지를 하나의 느슨한 해석학적 원리로 규명할 수도 있다. 그러나 리쾨르는 이 모든 것을 텍스트로 볼 수 있다고 제안함으로, 각 영역의 다양성에도 불구하고 모든 해석은 매우 동일한 과정을 거쳐 일어난다는 것을 쉽고 설득력 있게 보여주고 있다.

언뜻 생각할 때, 일반적인 해석의 원리가 있고, 그것이 특수한 영역에 적용되면 그 곳에서만 작동하는 특수 해석학이 있다고 생각하기 쉬운데, 리쾨르의 해석학에서는 그렇지 않다. 리쾨르가 은유, 허구, 역사 등의 특별한 형태의 담화에 대해 깊게 분석할수록, 그 결과는 다른 영역의 해석학에도 큰 영향을 주게 된다.

곰곰이 생각해보면, 그렇게 다양한 영역을 하나로 묶어 줄 수 있는 공통된 요소를 찾는다면, 그 모든 것을 인간이 이해한다는 사실이 아닐까? 시나 그림, 종교적 제의나 정치적 제도, 과학 실험이나 실험적 연극이나, 이 모든 것의 공통점은 그 속에서 우리가 의미를 이해한다는 것이 아닐까? 따라서 자연과학과 인문과학을 나눈다 할지라고, 이해의 문제를 생각해 볼 때 이 둘 사이에는 다른 점보다는 공통점이 더 많다고 할 수 있다. 리쾨르는 이 공통점을 텍스트의 해석학을 통해서 명확하게 우리에게 제시하고 있다.

리쾨르에게 진리란 텍스트의 해석에 의하여 새롭게 열려지는 세계이다. 텍스트의 해석은 설명(explanation)이라는 치밀하고 엄정한 과정과 이해(understanding)라는 창조적이고 모험적인 과정이 끊임없는 순환 운동을 거치면서 점차로 텍스트와 해석자 사이에서 의미의 세계가 모습을 드러내는 것이다. 진리란 텍스트의 해석을 통해 도달한 어떤 명제가 아니라, 새롭게 넓혀진 지평 자체이고, 이런 점에서 진리는 지적으로 인식되는 것이 아니라 전인적으로 체험되는 것이다.

2) 작곡은 음악이 텍스트화 되는 것

리쾨르의 이런 해석학과 진리에 대한 이해가 과연 타당한지를 생각해보기 위해서 그의 텍스트 이론을 음악에 적용해 보자. 음악에 리쾨르의 텍스트 이론을 적용하려고 하니, 여러 차원에서 "고정화"의 과정이 일어나는 것을 확인할 수 있다. 음악에서는 원래 작곡가가 갖고 있었던 미적인 가치가 음악을 이해하는데 가장 중요한 본질적 요소일 것이다. 텍스트에서 저자의 의도와 같이 음악에서는 작곡가의 의도가 있다. 그런데 작곡가가 자신의 악상을 악보로 남겨놓았다면, 그것은 텍스트가 된 것이다. 물론 악보를 만들어 놓지 않았어도 음악이 한 번의 연주를 통해서 작곡가의 내면에서 나와서 다른 사람의 기억 속에 각인되었다면, 그것도 텍스트가 된 것이다. 즉흥곡의 경우가 그런 예에 속한다고 볼 수 있다.

후세에 악보를 앞에 놓고 연주를 하려고 하는 연주자는 텍스트의 해석자이다. 소설을 읽는 독자와 악보를 연주하는 연주자는 근본적으로 동일하게 책 읽는 사람이다. 그런데 연주자의 경우는 독서를 통하여 새로운 의미를 창조한다.[31] 이 점에 대해서는 나중에 자세히 살펴보도록 하자.

31) 연주자에게는 작곡가의 악보가 텍스트이고, 연주는 텍스트의 해석이지만, 청중에게는 연주가 사건으로서의 담화로 경험될 수 있다. 이 경우 연주회가 끝난 후 연주에 대한 기억이나 녹음은 텍스트와 같은 역할을 하고, 해석의 대상이 된다. 텍스트

우리가 악보를 하나의 텍스트로 간주하고, 리쾨르의 텍스트 해석학을 적용해 볼 때 음악의 경우를 통해 리쾨르의 해석학적 논지들이 더욱 명확해지는 것을 발견하게 된다.[32)]

3) 음악과 삼중 미메시스

작곡가가 작곡을 하는 것은 어떤 행위인가? 리쾨르의 해석학에서 작곡가는 미메시스2의 단계에서 작업을 하고 있는 셈이다. 이는 근본적으로 소설가나 시인과 같은 종류의 작업인데, 미메시스1과 미메시스3을 연결해주는 작업이다. 미메시스의 강이 미메시스1의 상류에서 미메시스3의 하류로 흘러가는데 중요한 역할을 하는 것이 미메시스2이다. 미메시스2의 형상화(configuration) 과정은 줄거리 구성(muthos) 혹은 구성(emplotment)의 과정인데, 필연적 연관성이 없는 다양한 요소들을 의미있는 연관체(nexus)로 만들어 내는 과정이다. 소설의 경우 이 다양한 요소들은 인물, 의도, 사건, 배경 등이 포함된다.

음악의 경우는 그 구성 요소들이 이와는 다를 것이다. 간단하게는 음정, 박자, 화성, 빠르기, 음색 등의 기본적인 요소가 있을 수 있고, 주제나 모티프, 패턴, 악장 등도 중요한 요소이다. 또한 악기가 갖고 있는 물리적, 미

의 해석은 이와 같이 다중적인 의미 창조와 해석의 과정을 포함할 수 있다. 리쾨르가 삼중의 미메시스가 계속 반복한다고 말한 것은 이 점에 대한 좋은 설명이 될 수 있다.

32) 참고: 넬슨 굿맨 저, 김혜숙, 김혜련 역, 『예술의 언어들: 기호이론을 향하여』(서울: 이화여자대학교출판부, 2002), 133-135; 원저는 Nelson Goodman, *Language of Art: An Approach to a Theory of Symbols* (1976).

학적 요소도 중요하며, 합주의 경우 각 악기와 악기 그룹도 중요한 요소이다. 이 외에도 작곡가의 사상이나, 시대적인 관행 등 여러 요소들이 형상화 과정에서 새롭게 배열이 되는 것이다. 음악의 의미는 단지 음표 하나 하나에 있는 것이 아니고, 모든 부분의 총화에, 그리고 그것이 어떻게 통일성을 이루느냐에 있다. 악보에서 사분음표, 팔분음표 등 모든 음악의 요소를 다 모아놓는다고 그것이 동일한 음악이 될 수는 없다. 음악의 모든 요소들을 개별적으로 다 분리해서, 그것을 한 통에 넣고 마구 흔들고 나서 그것을 종이위에 뿌린다면, 똑 같은 숫자의 음악적 요소들을 담고 있는 음악이 만들어질 것이다. 그러나 음악을 음악답게 하는 것은 그 많은 요소들이 어떻게 구성되느냐에 달려있다. 미메시스2 혹은 줄거리구성(emplotment)의 단계에서는 이런 일이 일어난다. 결국 작곡이란 다양한 요소들을 아름다운 전체로 구성(orchestration)하는 것이다. Orchestration이라는 말이 음악적인 용어로 많이 쓰이지만, 리쾨르의 형상화(configuration) 혹은 구성(emplotment)과 동일한 뜻이다. 리쾨르의 해석학을 통해 우리는 신기하게도 소설가와 작곡가가 근본적으로 유사 직종이라는 것을 확인할 수 있다.

미메시스2의 작업이 가능한 것은 미메시스1의 도움이 있기 때문이다. 작곡가가 작곡을 하기 전에 음악적인 의미의 생성과 전달을 가능케 하는 상징의 구조가 전제되어 있다. 음악이 따라야 하는 문법이 있고, 작곡가가 존중해야 하는 규칙이 있고, 음악을 표현할 수 있는 형식이 있다. 미메시스1은 작곡가가 작곡을 시작하는 그 시점에서 볼 때, 그 때까지 만들어졌던 모든 음악을 포함하는 하나의 지평(horizon)과 같은 것이다. 모든 작곡은 미메시스1의 기반 위에서만 가능하며, 이 미메시스1은 보편적이고, 객관적인 것이라기보다는 역사와 전통에 의해 영향을 받는다. 따라서 서양음악과 동양음악은 동일한 미메시스1을 소유한다고 볼 수 없을 것이다.

텍스트 해석학에서 미메시스3은 텍스트의 세계와 독자의 세계가 만나는 곳이다. 형상화를 통해서 구성된 가상의 세계와 구체적인 시간과 공간 안에서 일어나는 실제 행동으로 이루어진 독자의 세계의 교차가 발생한다. 이것을 음악에 적용해 본다면, 작곡된 음악이 누군가에 의해서 연주됨으로 만들어지는 세계가 바로 미메시스3에 해당된다. 리쾨르는 이 단계에서 독자의 역할이 중요하다고 강조했다. 독자는 텍스트에 이미 담겨있는 잘 정리된 의미를 수동적으로 받아들이는 것이 아니라, 능동적으로, 창의적으로 의미의 생산에 참여한다. 물론 여기서 저자의 역할도 중요하다. 미메시스2에서 어떤 작업을 했느냐에 따라 미메시스3에서 독자가 형성할 수 있는 세계의 특징이 결정되기 때문이다. 텍스트의 해석에서 독자의 역할이 저자의 역할보다 상대적으로 덜 중요하다고 여기는 우리의 생각에 대해 음악의 경험은 새로운 점들을 많이 시사한다. 음악의 경우, 훌륭한 작곡가도 중요하지만, 똑같은 곡을 갖고도 어떤 연주자가 연주하느냐에 따라서 청중은 완전히 다른 경험을 하게 된다. 똑같은 곡이 이름 없는 연주자에 의해서 연주될 때 그 연주회에는 가보는 사람이 적지만, 세계적으로 유명한 연주자가 연주를 할 때, 비싼 돈을 주고서라도 연주장을 찾는다. 모르는 곡을 처음 들어보려고 연주장을 찾는 것이 아니고, 이미 익숙하게 알고 있는 곡이지만, 그 연주자가 어떻게 연주하는지를 듣고 싶어서 연주장에 간다. 결국, 많은 음악 애호가들은 연주자가 어떻게 텍스트를 해석하는지를 듣고 경험하고 싶은 것이고, 연주자에 따라 그 경험은 천차만별일 수 있다.

4) 한 가지의 완벽한 연주가 있나?

어떤 작곡가의 음악에 대해서 가장 완벽한 딱 한가지의 옳은 연주가 있을 수 있을까? 만일 그런 것이 있다면, 다른 모든 연주는 부족한 연주이고, 그 완벽한 연주와의 유사성에 따라 모든 연주의 수준에 등급이 수치로 매겨질 수 있을 것이다.[33] 아마 그 연주는 작곡가가 원래 마음속에서 구상하고 있었던 것일 수 도 있고, 작곡가가 연주를 하거나 지휘를 함으로써 가장 근접하게 그것을 실현할 수 있다고 생각을 할 수도 있다. 그런 완벽한 연주라는 것이 있다면, 그것은 어떤 연주일까? 악보에 있는 것을 철저하게 하나도 틀림없이 음으로 표현하는 것이 이상적인 연주인가? 그럴 경우 정성을 들여서 제작한 MIDI파일이야말로 가장 완벽한 연주가 될 것이다. 그러나 우리는 악보에 기계적으로 충실한 것이 좋은 연주는 아니라는 것을 안다. 물론 악보를 잘 보고, 악보대로 연주할 줄 아는 것은 기본적으로 요구된다. 연주자에게 해당되겠지만.

그런데 악보에만 충실함으로 훌륭한 연주를 할 수 없는 것은 현재의 기보 시스템의 한계 때문이라고 말할 수 있을까? 예를 들어 12음계를 갖고 표기하지 못하는 무한한 수의 음들이 있고, 박자도 1/n 박자 식으로 무한히 분절된 박자가 있고, 빠르기도 안단테와 모데라토와 알레그로 사이에는 무한한 종류의 속도를 규정할 수 있는데, 만일 최첨단의 음악 기보법이 나와

33) 종교적인 경전을 읽을 때, 텍스트를 문자적으로 해석하려는 경우가 종종 있다. 악보를 기계적으로 연주하는 것이 가장 좋은 연주라고 생각하면 잘못인 것처럼, 텍스트도 문자적으로만 해석하려고 하는 것은 문제가 있다. 음악에서 딱 한 가지 연주만이 올바른 연주일 수 없는 것처럼, 텍스트의 의미도 한 가지 명제로 치환될 수 없다.

서 이 모든 미세한 것까지 표현할 수 있는 방법이 생긴다면, 그 때는 악보 속에 음악을 완벽하게 담을 수 있을까? 애매하고 부정확한 현재의 기보법 대신 작곡가의 악상을 거의 남김없이 악보로 담을 수 있는 기술이 개발된다면, 그런 음악을 연주하는데 연주자의 주관적 해석이 덜 필요하지 않을까? 음악의 장르에 따라 다르겠지만, 혹시 수학적 엄밀성을 음악적 아름다움의 척도로 여기는 장르가 생긴다면, 그 경우 완벽한 한 가지의 연주가 가능하지 않을까? 이 경우 연주 감상의 포인트는 연주자가 얼마나 완벽한 연주에 가깝게 연주했나를 보는 것이 되겠고, 그런 점에서 연주는 예술이라기보다는 묘기에 가까워지게 된다. 그리고 이 경우 연주보다는 완벽한 연주의 재생이 더 가치 있는 예술 활동이 될 것이다.[34)]

이와 같은 예를 드는 것은, 텍스트의 해석학에서도 끊임없이 엄정성(rigor)과 정확성(accuracy)을 보장하기 위해, 텍스트를 과학적으로 분석하려고 하고, 또 텍스트의 기술 역시 과학적인 방법으로 해야 한다고 주장하는 입장들이 있어 왔기 때문이다.[35)] 논리 실증주의자들은 검증가능한 명제만이 참 혹은 거짓의 가치를 가질 수 있는 의미 있는 명제이고 그 외의 종

---

34) 악보는 일정한 약속에 의해서 음악을 기호로 바꿔 놓은 것이다. 악보가 음악을 대체할 수 없다. 텍스트의 해석에서도 동일한 주의가 필요하다. 텍스트는 의미를 전달하기 위해서 만들어 놓은 약속된 기호이다. 텍스트 자체가 절대적인 의미를 지니고 있는 것으로 여긴다면 해석을 잘 못 할 수 있다. 구조주의적 기호론을 리쾨르가 비판했던 것은, 텍스트의 언어 내적 구조를 분석하는 것은 설명의 단계에서 꼭 필요한 것이지만, 그것이 해석의 전 과정은 아니라는 것을 구조주의자들이 간과하고 있기 때문이었다. 텍스트는 미메시스1의 태생적 운명 때문에, 미메시스3을 향하여 뻗어 나가려고 발버둥 친다.

35) 리쾨르는 역사학자 Aron을 그 예로 들고 있다. Paul Ricoeur, *Time and Narrative* II, 97.

교 혹은 예술의 명제들은 진위를 말할 수 없는 의미 없는(meaningless) 명제라고 주장한다.[36] 이러한 시도는 위에서 예를 든 완벽한 기보 시스템을 개발하려는 시도와 동일한 동기를 가지는 셈이다. 낭만주의 해석학에서 설명과 이해를 각각 자연과학과 인문과학의 해석 원리로 규정했던 것도 같은 맥락에서 평가해 볼 수 있다. 이 모든 경우 텍스트에서(악보도 포함) 애매한(ambiguous) 표현을 제거함으로 정확한 이해를 보장 할 수 있다는 전제가 깔려 있다.

우리가 음악에서 연주자의 역할이 아주 중요하다는 것을 생각해 볼 때, 텍스트의 해석에서 독자의 역할도 중요할 수 있다는 것을 실감할 수 있다. 혹자는 연주자가 음악을 해독하고 해석하는 단계와 연주하는 단계를 완전히 구별하여, 전자는 해석이고, 후자는 해석이라기보다는 또 하나의 창작이라고 말하고 싶을지도 모른다. 그러나 그보다는 음악의 해석은 연주를 통해서 비로소 완성된다고 말해야 하지 않을까? 연주를 통해서 들려지는 음악은 악보로 고정시켜 놓기 이전에 작곡가가 의도하고 있었던 음악을, 악보를 매개로 하여, 연주자가 재현하는 것이고, 이것은 텍스트 앞에 펼쳐지는 세계이다. 해석의 완성 단계는 텍스트와 독자 사이에 새로운 세계가 생기고, 그 세계 안에서 변화된 자아를 발견하는 것이라는 리쾨르의 주장이 음악의 경우에 더욱 확실하게 적용될 수 있는 것 같다.

---

36) A.J. Ayer, *Language, Truth and Logic* (Harmondsworth, England: Penguin Books, 1936), 48-49.

5) 연주의 과정에서 설명과 이해

연주자가 최종 연주를 하기 위해 준비하는 과정을 생각해보면, 리쾨르가 그의 텍스트 해석학에서 말하는 설명과 이해의 관계, 그리고 규범적 의미(ideal meaning)의 뜻을 정확히 알 수 있다. 연주자는 단순하게 생각하면 악보를 읽는 독서자이다. 악보를 읽고 해석하기 위해서는 리쾨르가 텍스트 해석학에서 말한 것처럼 "설명"에 속하는 두 가지의 과정이 필요하다.

첫째로, 연주자가 연주를 준비하기 위해서는 악보를 보고 철저하게 분석을 해야 한다. 악보대로 재현할 수 있는 수준으로 악보를 잘 알지 못한다면 훌륭한 연주를 할 수 없을 것이다. 연주가가 악보를 철저하게 분석하는 단계는 텍스트 해석학의 설명의 과정에 속한다고 볼 수 있다. 텍스트 자체 내의 내적인 관계를 철저히 이해하고, 구조적인 통일성을 발견하는 것, 아주 작은 부분의 뜻까지 찾아내는 것은 텍스트를 해석하는데 꼭 필요한 단계이다. 음악에서 필요 없는 음표가 없는 것처럼, 잘 준비된 텍스트에서는 필요 없는 글자가 없어야 한다. 텍스트를 바로 이해하기 위해서는 아주 사소한 단어 하나까지도 어떤 어의(sense)를 가지는지를 파악해야 한다.

둘째로, 훌륭한 연주를 위해서 연주자는 곡의 역사적 배경에 대한 연구를 해야 한다. 이 두 번째 과정은 리쾨르의 텍스트 해석학에서 텍스트 뒤의 세계에 대해 연구하는 단계와 유사하다고 할 수 있다. 리쾨르에 의하면 텍스트는 원래의 저자, 청자, 상황으로부터 떨어져 독립되었지만, 텍스트가 원래 생성되었을 때 갖고 있었던 외부 대상과의 관계를 완전히 무시할 수는 없다고 한다. 가능한 한도에서 최대한 텍스트가 원래 갖고 있었던 외부 대상과의 관계를 복원하는 것이 텍스트를 바로 해석하기 위한 필수적인 단계이다. 텍스트의 경우, 고고학적 발굴이나, 관계된 역사적 문헌의 조사나, 유사한 문화적 상황과 비교 등을 통하여 그런 검토를 하게 된다. 이런 과정이 철저히 진행되어서 많은 발견이 이루어질수록, 텍스트를 엉뚱하게 해석할 수 있는 가능성은 줄어든다. 음악에서도 연주자가 속한 역사적 상황을 연구함으로 음악을 엉뚱하게 해석할 수 있는 가능성이 줄어드는 셈이다. 작곡가의 생애와 그가 속한 시대의 음악적 특성, 그의 전 작품 중에서 연주하려고 하는 곡이 차지하고 있는 위치 등, 곡과 작곡가의 관계에 대해 더 많이 알수록 연주자는 곡을 더 잘 해석할 수 있다. 또한 연주자는 그 곡이 다른 연주자들에 의해서 어떻게 연주되었는지도 주의 깊게 살펴보아야 할 것이다. 이런 모든 과정은 연주자가 본격적으로 곡을 해석하고 이해하기 위한 숙제와 같다고 할 수 있다. 이 숙제를 충실하게 마치지 않고 섣부르게 연주를 하다가는 음악을 엉뚱하게 해석할 수도 있다. 그 엉뚱함이 도를 지나칠 경우, 그것은 다른 작곡가의 곡을 연주하는 것이 아니라 자신의 창작 발표가 된다.

리쾨르의 텍스트 해석학에서 설명의 단계에는 텍스트 내부 구조에 대한 분석과 텍스트의 생성과 관계된 역사적 사실의 확인이 포함되는 것처럼, 음악의 경우에도 음악 자체의 내적 구조에 대한 분석과, 작곡과 관련된 역사적 상황의 탐구가 설명의 단계에 포함된다. 리쾨르에 따르면 이 설명의 단계는 매우 과학적이고 실증적인 방법에 의해서 이루어 질 수 있다.

이와 같은 설명(explanation)의 단계를 통해서 음악의 해석이 끝난 것은 아니다. 텍스트 해석에서와 마찬가지로, 설명의 과정을 거친 후에 음악을 다양하게 해석할 수 있는 가장 넓은 외연이 규정된 것이라고 볼 수 있다. 이제 남은 과제는 설명의 과정을 통해서 규명된 음악 자체의 구조적인 관계와 음악이 작곡된 역사적인 배경에 대한 지식, 이 두 가지를 가지고 그것과 모순되지 않는 한도 내에서 음악 전체가 주는 의미가 무엇인지를 찾아내는 것이다. 이것이 리쾨르가 말하는 이해(understanding)의 과정에 해당한다.[37] 과연 음악 전체가 주는 의미는 무엇인가? 동일한 음악에 대해서 많은 해석이 가능하다. 그러나 모든 해석이 허용되는 것은 아니다. 왜냐하면 설명의 과정을 통해서 가능한 의미의 범위가 제한되었기 때문이다. 이와 같은 가능한 해석의 범위를 슈나이더는 "규범적 의미"(ideal meaning)라고 정의했다는 것을 앞에서 지적했다. 이 규범적 의미는 해석이 넘어서는 안 되는 울타리와 같은 것이다. 이 울타리를 넘지 않는 한 어떤 해석도 객관적으로 잘못된 해석이라고 배제되지는 않는다. 그러나 이 울타리를 넘을 경우, 그것은 객관적으로 확실하게 잘못된 해석이라고 배제된다.

음악의 경우 이 규범적 의미는 구체적으로 무엇을 말하는가? 악보에 있는 박자와 음정 등을 다르게 연주한 경우 그것은 규범적 의미의 울타리를 넘은 것이 된다. 그것이 변주, 편곡이나 혹은 창작으로서 좋은 음악이 될 수 있을지는 몰라도, 원곡의 연주로서는 자격이 없다. 물론 해석은 바로 했지만 연주 중의 실수로 다른 음을 낸 것은 허용이 되지만, 곡을 해석할 때부터 다른 음으로 연주하기로 결정을 했다면 그것은 명백히 잘못된 해석이다. 또한 역사적인 배경을 통해서 확인된 사실들과 명백히 모순되는 연주도 규범적 의미의 울타리를 넘은 것이 된다.[38] 그러나 규범적 의미 안에서

37) 앞에서 밝힌 것처럼, 설명과 이해는 일회적인 단계가 아니고, 반복되는 순환의 과정이다. 설명과 이해의 해석학적 순환은 부분과 전체로 관심을 옮기는 반복되는 과정이다.

38) 이 문제와 관련하여 음악과 텍스트를 비교해 보았을 때, 음악에서는 외부 대상과의 지시 관계가 텍스트에 비해서 덜 중요한 것 같다. 텍스트의 경우 그런 지시 관

모든 사람들이 당연하게 생각하는 해석을 한다면, 그것은 그렇게 탁월한 해석은 아니다. 연주를 할 때 열 명 중에 아홉 명이 연주하는 방식으로 연주를 한다면 그 연주자는 유명한 연주자가 될 수 없을 것이다. 이런 점에서 볼 때, 연주에는 좋은 연주가 있고, 나쁜 연주가 있고, 틀린 연주가 있을 수 있다. 악보대로 하거나, 지극히 상식적인 해석을 통해 하는 연주는 틀린 연주는 아닐지라도 좋은 연주가 될 수 는 없다. 좋은 연주는 틀린 연주가 되지 않을 만큼 자유를 발휘하면서 음악 전체의 진리를 자연스럽게 표현하는 연주여야 한다. 연주자는 음악에 대한 철저한 분석으로 어디까지 융통성을 가질 수 있는지를 냉혹하게 검토하고 결단해야 한다. 한 발자국만 더 나가면 파격이 되고, 틀린 음악이 될, 그런 한계까지 연주가 진행될 때, 연주를 듣는 사람은 그 음악을 처음으로 새롭게 경험하게 된다. 연주자는 악보를 매개로 자신에게 펼쳐진 작곡가의 음악의 세계와 교감(resonance)을 한다. 즉 작곡가가 생각한 한 음과, 악보의 한 음표와, 연주자가 연주한 한 음이 일대 일로 대응하는 것이 아니고, 악보를 매개로 해서 작곡가의 악상 전

계가 텍스트 해석에 끼치는 영향은 크다. 예를 들어 예수의 비유를 예수 당시의 삶의 정황을 무시한 채 해석하면 비유를 잘못 해석할 수 있다. 음악의 경우, 외부와의 관계의 중요성이 덜 눈에 드러난다. 그러나 바로크 시대의 성악곡을 그 시대적 특징을 고려하지 않고 연주할 때, 음악비평가들은 그것은 잘못된 연주라고 혹평을 할 수도 있다. 그러나 규범적 의미라는 범위의 설정도 하나의 해석의 대상이 될 수도 있다는 점을 생각해 봐야 한다. 따라서 이 범위는 자연과학에서처럼, 진리와 오류를 명확히 나누는 구분선과는 다르다. (자연과학에서는 실험을 통해 잘못된 해석은 오류로 쉽게 판명된다.) 예수의 삶의 정황을 무시하고 비유를 해석해놓고, 그것이 옳은 해석이라고 주장할 때, 그것을 반박할 수 있는 기준은 해당되는 비유의 "설명"에 대한 전문가들의 컨센서스라고 할 수 있다. 그런데 학계의 컨센서스를 무시하고 해석을 강행할 때, 일반인들에게는 그것이 명백한 오류로 인식되지 않을 수도 있다.

체가 연주자에게 전달되고, 그것이 연주를 통하여 청중에게 전달될 때 훌륭한 연주가 된다.

위에서 작곡가가 가장 완벽한 연주를 할 수 있겠는가라는 질문을 했었다. 그러나 작곡가와 연주가는 역할이 다르다. 어떻게 보면 음악에서는 작곡가와 연주가 간에 철저한 분업이 이루어져 있다고 볼 수도 있다. 혹시 한 사람이 두 역할을 한다 해도, 연주를 할 때는 작곡가이기를 멈추어야 하는 것이 아닐까? 예를 들어 바흐가 자신이 작곡한 오르간 곡을 연주할 때, 그가 꼭 음악을 가장 잘 이해하고 최선의 연주를 할 수 있는 것은 아니다. 텍스트의 해석에서도 동일한 상황이 발생한다. 텍스트의 저자는 텍스트를 통해 자신의 모든 의도를 표현하고 나서 텍스트를 자신의 손에서 떠나 보낸다. 텍스트의 해석을 위해 저자가 할 수 있는 일은 그렇게 많지 않다. 리쾨르의 텍스트의 해석학에서도 저자와 독자 간의 분업은 철저하게 이루어지고 있는 셈이다.

작곡가가 생존한다 할지라도 그가 연주장에 나와서, "그건 틀렸어! 그게 내가 의도했던 것이 아니야."라고 간섭할 수 없다. 그것은 음악은 이미 작곡가의 손을 떠났기 때문이다. 작곡가와 악보 사이에는 소격(distanciation)이 발생했다. 연주자는 악보를 보고, 전체에 대한 나름대로의 그림을 그리면서 한 소절씩 해석을 해 나가고 있는 것이지, 작곡가의 지도를 받아가며 한 박자씩 연주하는 것은 아니다. 텍스트의 해석에 있어서도 저자 의존도는 그리 중요하지 않다. 그렇지만 그것 때문에 텍스트가 곤경에 처하는 것은 아니다.

어떤 음악의 진정한 의미는 어디에 있는가? 규범적 의미 안에 포함된 다양한 해석 중 어느 하나에 있는 것인가? 아니면 그 전체에 있는 것인가? 이 질문에 대한 답은 비교적 간단하다. 음악을 감상하는 사람들은 다양한 연주자들에 의해서 연주된 곡을 들으면서 곡을 더 잘 이해하게 된다. 그 중 어떤 연주는 탁월하고 어떤 연주는 열등할 수 있겠지만, 그 중 가장 탁월한 연주 하나만을 갖고 그 곡이 이렇게 해석되어야 한다고 주장할 수 없다. 음악의 경우, 동일한 악보가 다양하게 연주될수록, 그 음악의 진리는 더 명확해진다. 음악에서 다양한 해석은 문제가 되는 것이 아니라 음악을 진정으로 이해할 수 있는 필수적인 조건이다.

리쾨르의 해석학을 음악에 적용한 것을 다시 텍스트에 적용할 때, 텍스트 해석에서 진리의 문제를 새로운 각도에서 조명해 볼 수 있다. 음악에서처럼, 텍스트를 해석하는데도 완벽하게 옳은 한 가지 해석만이 있는 것이 아니다. 음악이 다양한 연주자에 의해 다양하게 연주됨으로써 그 진리(아름다움, 예술성)가 더 발현되는 것처럼, 텍스트도 다양한 해석이 나올수록 그 텍스트의 진리가 더 잘 발현되는 것이다. 그러나 여전히 텍스트를 해석하는 사람들은 불안하다. 모든 해석이 맞는다는 것인가? 꼭 집어서 요점만 말해주면 안되나? 이런 집착은 텍스트가 담고, 전해주려고 하는 진리가 어떤 성격인지를 몰라서 갖는 것이다. 텍스트에서 자연과학의 명제적 진리를 찾으려 하기 때문이다.[39] 그러나 텍스트의 진리는 하나의 의미 있는 전체

39) 자연과학의 기본 단위인 명제적 진리는 우리의 삶에서 매우 소중한 사고의 단위이다. 모순된 말을 하면 안 되고, 경험과 대치되는 주장을 억지로 해도 안 된다. 체계적이고, 논리적으로 엄격한 관계가 필요하다. 그것을 통해 연역, 귀납의 방법으로 지식이 확장되고, 과학과 기술이 결합하여 많은 혜택을 주었다. 그런데, 텍스트의 해석학에서 그런 기본적인 진리 이해를 무시하는 것이 아니다. 그러나 텍스트 (예를 들어 허구와 역사)가 전하려고 하는 진리는 한 명제로 이루어진 것이 아니고, 복합적이다. 그리고 복합적인 명제가 통일을 이루는 것은 논리적인 정합

(the meaningful whole)의 형태로 표현된다. 그것이 독자의 세계와 상호 작용함으로써 이해가 일어나고, 진리가 발현되는 것이다. 텍스트의 진리는 음악의 진리와 비슷하여, 다양한 해석이 나올수록 그 진리는 더욱 풍성해지고 깊어진다는 것을 음악을 통해 깨달을 수 있다.[40)]

3. 사회과학에서 진리의 문제: 2000년 미국 대통령 선거의 예

리쾨르의 해석학은 사회적인 현상을 해석하는데 얼마나 효과적인 해석학일까? 지금까지 리쾨르의 해석학이 여러 분야의 학문에 적용될 수 있는 보편성을 지녔다는 것을 밝혔다. 사회과학의 탐구 대상인 사회적 행동에 대해 리쾨르의 텍스트 해석학을 적용한다면 어떤 결과가 나올까?

리쾨르의 해석학과 사회 과학의 대화를 시도하는 이 장에서는 둘의 관계에 대한 체계적 분석을 하기보다는 특정한 하나의 사건을 통하여 양자 간의 관계를 살펴보려고 한다.

이 장에서 다루고자 하는 구체적인 사건은 2000년 11월 7일에 행해진 미국 대통령 선거이다. 민주당의 알 고어(Al Gore)와 공화당의 조지 부시(George W. Bush)가 선거 후 개표 과정에서 숨 막히는 경합을 하다가, 결국 부시가 대통령 당선자로 선포되는 과정을 리쾨르의 텍스트 해석학의 관

(coherence)을 통해서가 아니라 창조적인 형상화(configuration)를 통해서이다.

40) 명제적 진리는 해석학의 "설명"의 단계에서 중요한 요소이다. 음악이나 텍스트의 해석은 명제적 진리의 정합성을 기초로 한 후, 그 위에 창의력을 통하여 의미의 세계를 구성하는 것이다.

점에서 분석해보려고 한다.

우선 2000년 미국 대통령 선거의 중요한 일지를 소개하겠다.

2000년 11월

7일 선거일

8일 고어가 근소한 차로 전국 개표 집계에서 선두 유지.
Florida, Oregon, New Mexico등에서는 경합.
Florida 선거구에서 부시가 1,784표로 (2,9009,135대 2,907,351) 앞서고 있다고 발표

9일 AP 통신이 고어가 218,441표로 앞서고 있다고 보도.
Florida 주법의 규정에 따라 재검표 결과 부시가 327표 앞선 것으로 발표
고어가 Florida 주 Volusia, Palm Beach 등 4개 카운티에서 수검표를 할 것을 요구. 이 곳은 대부분 고어 측에 유리한 지역이었음.
공화당 소속인 Florida 주무장관 캐터린 헤리스가 11월 14일에 선거결과를 발표하기로 되어 있는 조항을 엄격하게 적용할 것을 공표.

11일 부시 측에서 수검표를 막아달라고 미국 지방 법원에 청원. 13일에 법원에 의해 청원 기각.

14일 Leon 카운티 순회 판사가 Florida다 주 주무장관이 개표 결과 마감 시한을 연장할 수 있는 재량이 있다고 판결.
주무장관이 개표결과 보고 마감일을 연장할 정당한 이유 없다고 선언.

15일 주 대법원이 주무장관이 재검표를 막게 해달라는 요청 기각.

16일 주 대법원이 7:0으로 Palm Beach와 Broward 카운티에서 수검표를 계속 진행해도 좋다고 판결.
고어 측은 14일 주무장관이 개표결과 보고 마감일 연장을 거부한 것은

11일의 법원의 결정을 위반한 것이라고 제소.

주법원은 해외 부자재 투표 개표와 수검표를 계속 진행하도록 허용.

17일 주 순회법원이 14일 주무장관의 결정은 정당한 것이었다고 판시.

21일 Florida 대법원은 몇몇 선거구에서 수검표를 계속 진행하는 것을 허용하고, 11월 26일 오후 5시를 개표 결과 보고의 새로운 마감일로 선언하고 주무장관에게 이 마감일 이전의 개표 결과 보고를 반영하도록 명령.

22일 부시 측이 21일의 Florida주 판결이 부당하다고 연방 대법원에 항소

23일 연방 대법원에서 부시 측이 항소를 받아들임

26일 Florida선거구에서 선거 결과를 부시가 537표 앞서는 것으로 공식 발표하고, 부시가 플로리다주 25개 선거인단 표를 획득했음을 공포.

27일 고어 측이 Leon 카운티에 선거 결과 발표에 대한 이의 제기하는 소송. 아직도 Nassau, Miami-Dade, Palm Beach 카운티의 최종 집계는 완결되지 않은 상태.

30일 Palm Beach의 투표용지를 Leon 카운티 법원으로 트럭을 통해 운반.

2000년 12월

1일 미국 연방 대법원에서 구두 논쟁.

4일 Leon 카운티 순회 판사가 고어의 선거결과에 대한 이의 제기한 것을 충분한 이유 없다고 기각.

5일 Florida 민주당이 일부 선거구에서 발생한 부정행위에 대해 고소.

6일 미국 항소 법원이 부시의 수개표하는 것을 막아달라는 요청을 기각.

8일 Florida 주 대법원은 4:3으로 고어측의 청원을 받아들여, Leon 카운티 법원에 Miami-Dade 카운티의 투표용지 9,000건을 수검표하도록 지시. 부시는 이 결정에 대해 미국 대법원에 항소.

9일　미국 대법원에서 Florida 주 대법원의 8일 결정을 지지.
12일　미국 대법원이 수검표 하는 것을 중지하도록 명령.
　　플로리다 입법부가 부시측 선거인단을 임명.
13일　고어가 선거에서 패배했음을 인정하고 선거운동 종료.

위의 일지를 보면, 부시와 고어의 경합은 선거 이전보다도 선거가 끝난 후 더 치열했음을 알 수 있다. 2000년 미국 대통령 선거를 보면서 어떤 사람들은 미국 선거제도에 문제가 있다고, 혹은 더 나가서 선거제도 자체에 문제가 있다고 비판하기도 한다. 이 장에서는 그런 문제에 관한 논의는 접어두고, 리쾨르의 해석학의 관점에서 2000년 미국 선거의 진행 과정을 살펴보려고 한다.

1) 선거는 가장 단순한 텍스트 생산과 해석의 과정

구체적으로 2000년 미국 대통령 선거에 대해서 살펴보기 전에 선거제도란 무엇인가에 대해 생각해보자. 선거제도란 유권자의 의도를 공정하게 계수하는 절차이다. 유권자가 여러 후보 중에서 어떤 후보가 당선되기를 원하는지를 표시하는 것이 투표행위이고, 그 표를 계수하는 것이 개표행위이다. 투표에서의 의사표시는 혼동의 여지가 없이 명확하게 표시하도록 투표용지가 만들어져 있고, 무효표에 대한 규정도 있어서, 주관적인 판단이 개입할 여지가 없는 가운데 개표가 집계되도록 선거 제도가 마련되어 있다. 선거일에 유권자가 투표를 하고, 선거가 마감되어 개표를 하고, 최종적으로 당선자를 발표하는 과정은 과학적으로 완벽하게 처리할 수 있는 간단한 과정이다. 초등학교에서 반장 선거를 할 때에는 유권자가 적어서 특별한 장치가 필요하지는 않지만, 국회의원 선거나 대통령 선거 같은 경우는 워낙 많은 숫자의 유권자가 투표를 하기 때문에, 여러 가지 장비들을 동원한다. 그러나 반장 선거나 대통령 선거는 그 근본적으로 동일한 사회적 행동이라는 것은 논란의 여지가 없다.

리쾨르의 해석학의 입장에서 살펴보면, 투표행위는 텍스트의 생산과정이다.[41] 투표행위란 유권자가 자신의 의도를 투표용지 위에 혹은 컴퓨터 기호로 표시하는 것이다. 이렇게 표시함으로써 유권자의 의도는 투표용지 안에 고정이 되어 있고, 이 투표용지는 이제 유권자의 의도에서 독립한다. 텍스트를 "쓰기에 의해서 고정된 담화"라고 규정한 리쾨르의 정의가 더 이상 완벽하게 적용되는 경우를 생각해보기 힘들 정도로 표시된 투표용지는 텍스트가 된다.

개표는 텍스트의 해석 과정이다. 투표용지의 해석은 너무 간단해서 구태여 해석이라고 할 필요가 없다고 우리는 흔히 생각한다. 그것은 산술적인 집계이지 어떤 다른 판단이 들어갈 여지가 없고, 과학적인 방법으로 충분히 통제가 가능하여 완벽한 신뢰도의 집계가 가능하다고 생각을 한다.

그러나 투표와 개표 행위를 좀 더 넓은 배경에서 생각해보면, 그 행위들이 그렇게 단순하지는 않은 것을 알 수 있다. 투표를 가능케 하는 여러 조건들이 있는데, 이 조건들은 반드시 객관적인 합리성에 의해 규정된 것이 아니고, 특별한 역사적 영향에 의해 결정된 경우가 많다. 누가 투표할 수

41) 리쾨르는 사회적 행동도 확장된 의미의 텍스트로 간주할 수 있다고 말했다. 그런데 투표행위의 경우는 굳이 텍스트의 개념을 확장하여 적용하지 않더라도 텍스트 해석학의 적용에 문제가 없다.

있느냐하는 좀 더 근본적인 문제는 여기서 논외로 하기로 하고, 일단 평등선거가 보장된 후에도 선거제도는 그렇게 단순하지는 않다. 검표를 할 때 유효표와 무효표를 나누는 기준을 미리 정하지만, 항상 애매한 경우가 나온다. 2000년 미국 대통령 선거의 경우, 플로리다의 어떤 선거구에서는 투표용지에 펀치를 눌러서 기표를 하도록 되어 있었는데, 종이 조각이 완전히 떨어져 나가지 않고 투표용지에 매달려 있는 경우 이것을 유효표로 볼 것인가 무효표로 볼 것인가에 대한 열띤 토론이 있었다.

또한 선거의 결과를 집계하여 보고하는 시한을 어떻게 정하느냐하는 것도 매우 인위적으로 결정된다. 선거의 정신을 생각하면 끝까지 정확하게 계수하는 것이 맞겠지만, 현실적으로는 시한을 정해두고 그 안에 계수를 마쳐야 한다.

또한 상식적으로는 한 국가의 대통령을 뽑을 때 가장 많은 유권자의 표를 얻은 후보가 당선되는 것이 당연하겠지만, 미국은 특별한 선거인단 제도가 있어서, 전체 유효표에서는 앞서도 선거인단 수에서 뒤지면 당선이 되지 못한다. 이런 특별한 선거 제도가 불합리하다거나 비민주적이라고 비판을 할 수는 없다. 왜냐하면 이 선거제도는 미국의 특별한 역사적 배경 속에서 국민들의 합의에 의해 결정된 선거제도이기 때문이다.

2) 리쾨르의 미메시스 이론과 선거

이와 같이 단순한 산술 계산일 것 같은 선거 행위는 생각보다 단순치가 않다. 우리는 선거를 가능케 하는 배경이 되는 이런 상황은 리쾨르가 말하는 미메시스1에 해당한다고 말할 수 있다. 어떤 행위가 의미가 있고 효력이 있기 위해서는 그것을 가능케하는 의미의 구조가 있어야 하는데 이것이 미메시스1 혹은 전형상화(prefiguration)에 해당한다. 투표는 아무렇게나 한다고 유효한 행위가 되는 것이 아니고, 정해진 규칙에 따라 할 때만 의미있는 행위가 된다.

유권자가 누구에게 투표를 할까 결정하는 것은 미메시스2에 해당한다. 소설처럼 여러 복잡한 사건, 인물, 주제가 뒤섞여서 형상화(configuration)가 일어나지는 않지만, 유권자가 자신의 후보를 결정하는 과정은 매우 복잡한 구성(emplotment)의 과정이다. 다만 그것을 표현하는 방법이 단순할 뿐이다.

유권자가 투표지에 투표를 하는 순간은 앞에서 살펴 본대로 유권자의 의도가 텍스트로 고정되는 순간이다. 리쾨르의 미메시스 이론은 텍스트의 창작 과정에 초점을 맞추고 있으므로 텍스트화가 일어나는 순간이 정확히 어디에 해당되는지 애매할 수도 있는데, 곰곰이 생각해보면 미메시스2의 마지막 부분에 해당된다고 볼 수 있다.

그렇다면 미메시스3은 어디에 해당할까? 미메시스3은 텍스트의 해석의 단계로서 텍스트가 열어준 세계로 들어감으로 독자의 세계가 변화되는 재형상화(refiguration)의 단계이다. 선거와 관련하여 말하자면 개표를 하여 최종 당선자가 확정되는 과정에 해당된다. 해석을 통해 세계가 변화한다는 리쾨르의 주장이 실감이 나지 않는다면, 선거의 경우를 생각해보면 그 뜻이 명확해진다. 미국 대통령 선거에서 해석의 과정을 통해 부시를 미국 대통령 당선자로 해석하는 것과 고어를 대통령 당선자라고 해석하는 차이는 엄청나다. 해석의 차이로 세계사의 흐름이 분명히 바뀔 수 있다.

3) 2000년 미국 대통령 선거의 특수성

그 동안 미국 대통령 선거는 특별한 문제없이 치뤄졌었다. 그런데 왜 2000년 미국 대통령 선거는 그렇게 많은 논란을 불러 일으켰을까? 그 이유는 두 후보 간의 표차가 너무 근소했다는데 있다. 그동안 대부분의 선거에서는 몇 백표의 차이로 당락이 갈라질 정도로 표차가 근소하지 않았다. 그러나 한 표 한 표에 따라 당락이 결정될 정도가 되니 한 표를 어떻게 해석하느냐가 아주 중요한 문제가 되었다. 이전에는 기계적 개표 집계의 오차 범위를 감안하더라도 당선자가 바뀔 정도로 표차가 많이 나지는 않았기에 과학적인 개표 결과에 이의를 제기할 필요가 없었다. 그러나 2000년 선거와 같은 경우에는 과학적 개표 시스템의 신뢰도에 대해 의문을 제기하게 된 것이다.

그런데, 신뢰를 잃게 된 것은 과학적 방법뿐이 아니다. 선거 제도를 규정한 법률조항도 비난을 받게 되었다. 법률 조항은 가능한 한 오해가 없도록, 다의적으로 해석되지 않게 명확한 문장으로 작성된다. 미국의 대통령을 뽑는 중요한 선거에 관한 법률은 법전문가들과 민주당, 공화당 소속 입법의원들이 동원되어 최선을 다하여 명료하게 작성되었을 것이다. 그러나 2000년 선거를 통해 밝혀진 것은 똑같은 법률 조항이 다르게 해석될 수 도 있다는 것이다.[42] 같은 법률에 대해 하위 법원과 상위 법원이 다른 해석을

42) 지금까지 투표용지를 텍스트로 여기고 리쾨르의 텍스트 해석학을 적용해 보았는데, 법률 조항을 텍스트로 여기고 리쾨르의 텍스트 해석학을 적용하여서도 2000년 선거 과정의 해석학적 의의를 규명할 수 있다. 이 경우 텍스트의 작성은 입법부, 텍스트의 해석은 사법부가 하며, 해석의 결과를 적용 혹은 전위(appropriation)하는 당사자는 행정부가 된다. 삼권분립은 어떻게 보면 텍스트에

내리기도 했다. 그런데 이와 관련하여 중요한 것은 대부분 판사들의 해석은 자신이 속하거나 선호하는 정당에 유리한 쪽으로 기울게 되었다는 것이다. 12월 12일 연방 대법원의 판결도 결국 정당 라인에 따라 결정이 된 것이다.

이런 점들을 고려해 볼 때, 객관적이고 보편적인 유일한 해석은 존재하지 않는 것 같다. 해석자는 각각 자신의 지평에서 완전히 벗어나서 텍스트를 해석할 수 없는 것 같다. 우리는 여기서 과연 정당한 해석은 어떤 것인가에 대해 의문을 품을 수 있다. 앞에서 규범적 의미(ideal meaning)의 범위에 속하는 해석은 다 허용이 된다고 했는데 만일 서로 대립되는 해석이 있어서 둘 중의 한 해석은 오류일 수밖에 없는 상황이 있다면 리쾨르는 어떻게 설명할 것인가? 아마 그런 경우 이 문제는 해석의 범위를 벗어나는 것인지 모르겠다. 즉 그 경우는 누가 텍스트에 더욱 충실하게 해석하느냐가 중요한 것이 아니라, 해석을 통하여 제시하는 세계 중 어느 것이 더 좋고 아름답고, 정의롭고, 살고 싶은 세계이냐 하는 것이 중요할 것이다.

진리란 무엇인가라는 질문으로 돌아가 보자. 선거의 과정에서 진리란 투표자의 의도일 것이다. 투표자의 의도를 정확히 파악하는 것이 곧 진리일 것이다. 선거의 경우 투표자의 의도는 명확하고, 그 기록도 명확하다. 어떻게 보면 진리 대응론이 그대로 적용될 수 있는 상황이지만 2000년 미국 대통령 선거처럼 특별한 상황에서는 진리가 무엇인지를 대응관계가 결정하지 않았다. 경험이나 관찰로 100% 확인할 수 없는 상황에 대해서는 항상 과학 이외의 다른 요소가 중요한 영향을 끼치고 있다고 봐야 한다. 그리고

관한 분업의 체계라고 볼 수 있다. 입헌주의는 해석학적 통치라고 볼 수 있다.

경험이나 관찰로 100% 확인할 수 있는 상황이 과연 어떤 상황인지에 대해서도 깊은 생각을 해 봐야 할 것이다.

6.
결론: 진리가 너희를 자유케 하리라

서두에서 진리란 무엇인가라는 질문을 던져놓고, 지금까지 필자는 독자와 함께 진리의 문제에 대해 다양한 성찰을 해왔다. 전통적인 진리론의 가장 중요한 모티프인 대응, 정합, 실용적 가치를 무시하고 진리에 대한 논의는 완성될 수 없다는 것을 확인했고, 이 세 가지 모티프가 리쾨르의 해석학 안에서 매우 중요한 요소로 자리 잡고 있다는 것을 살펴보았다. 리쾨르의 해석학은 그 자체가 진리론은 아니지만, 철학자들이 진리에 관한 질문을 할 때 염두에 두는 중요한 모티프들을 전부 다루고 있다는 점에서 충분히 진리론으로서의 의의가 있다는 것을 밝힌 후, 리쾨르의 해석학을 여러 학제에 적용하면서 각각의 학제 속에서 리쾨르의 해석학이 진리의 문제를 효과적으로 해명하는지를 살펴보았다. 자연과학과 인문학, 음악, 사회과학 등 매우 성격이 다른 학문의 영역에서 공통되게 "진리란 해석의 결과 이해되는 텍스트의 의미다"라는 규정을 적용하는데 큰 문제가 없음을 밝혔고, 리쾨르의 해석학을 통하여 이렇게 다양한 학제가 깊이 있는 대화를 할 수 있는 가능성에 열리게 됨을 밝혔다.

종합대학 안에 존재하는 여러 학제들 중, 기독교 대학 내에서 학제간의 대화를 시도할 때 꼭 포함해야 할 분야가 신학이다. 지금까지 이 책에서 필자가 드러내어 놓고 신학과 다른 학제간의 대화를 시도하지는 않았지만, 필자의 전공인 신학은 모든 논의의 근저에 전제가 되어 있었다. 신학을 인문학의 한 분야로, 혹은 인문학과 매우 유사한 학제로 고려해 볼 때, 인문학과 자연과학 속에서의 진리의 문제를 다루면서 논의한 내용은 대부분 신학에도 적용된다고 볼 수 있다.

신학은 서양의 학문의 역사를 살펴볼 때 인문학의 뿌리라고 볼 수 있고, 인문학의 한 모범적 사례로 볼 수 있다. 신학은 그 자체가 이미 성서라는 텍스트를 중심으로 다양한 분야의 학문이 모여서 조화와 통일을 이루며 발전해온 다학제적 학문 분과이다. 또한 텍스트에 대한 비평과 해석을 신학만큼 철저하게 수행해온 학제는 없을 것이다. 66권에 이르는 성서의 텍스트에 대해 근 2000년이 되는 기간 동안 수없이 많은 학자들이 연구한 업적의 축적과 그 과정에서 발전되어온 이론과 방법론 등은 다른 어떤 학문 분과에서도 찾아보기 힘들 정도로 심오하고 풍성하다. 인문학의 가장 중요한 연구 방법이 텍스트의 해석이라면, 인문학은 어떤 형태로든 그 발전 과정에서 신학에 진 빚이 있으며, 신학과의 대화를 통해서 더욱 깊은 통찰력을 얻을 수 있다. 종합대학 내의 학문의 한 분과로서의 신학은 교회를 위한 학문이라는 본연의 사명과 함께, 신학의 내용을 인문학적으로 풀어내야 하는 또 다른 중요한 사명을 가진다. 신학이 신학적 진리를 인문학적으로 타당성 있게 풀어내지 못하면 신학은 다학제적 종합대학의 환경 속에서 스스로를 소외시키는 결과를 가져 올 것이다. 기독교 대학의 설립 이념은 학교 내의 모든 구성원들이 그들의 개인적인 삶은 물론 연구 가운데도 구현해야 한다. 따라서 신학과 인문학의 학제간 대화는 매우 중요하며, 더 나아가 신학과 인문학과 자연과학과의 학제간 대화도 매우 중요하다. 우리는 리쾨르의 해석학을 통하여 이와 같은 학제간의 대화가 자연스럽고 바람직한 것이라는 것을 알게 되었다. 이렇게 모든 학제에서 공통되게 받아들일 수 있는 진리는 어떤 모습인가?

리쾨르에게 진리란 텍스트의 해석에 의하여 새롭게 열려지는 세계이다. 텍스트의 해석은 설명이라는 치밀하고 엄정한 과정과 이해라는 창조적이고 모험적인 과정이 끊임없는 순환 운동을 하면서 점차로 텍스트와 해석자 사이에서 모습을 드러내는 세계이다. "진리가 너희를 자유케 하리라"라는 말은 해석의 결과를 통하여 만들어진 세계는 나를 참으로 자유롭게 하는 세계라는 의미이다. 예수께서 "너희가 나의 말에 머물러 있으면, 너희는 참으로 나의 제자들이다."라고 운을 떼고, "그리고 진리를 알지니 진리가 너희를 자유케 하리라"(요한 8:31-32)고 말씀하신 것은 리쾨르의 진리 이해와 매우 유사하다. 진리는 주거의 문제이다. 진리는 어디에 머무느냐, 어디에 사느냐의 문제이다. 리쾨르에게 진리란 해석을 통하여 새롭게 만들어진 특별한 의미의 세계에 사는 것이고, 그 세계 안에서 변화된 자아를 체험하는 것이다.[1] 예수의 말에 거하여서 예수의 제자가 되고 진리를 알아서 자유케 되는 것은 해석학적인 과정인 셈이다.

1) Paul Ricoeur, *Time and Narrative* III, 101.

진리의 본질이 자유일 수밖에 없다는 것은 리쾨르의 해석학에서 매우 설득력 있게 해명된다. 보통 진리는 틀린 것이 아니고 맞는 것, 혹은 그른 것이 아니고 옳은 것이라는 생각을 많이 한다. 그렇게 진리를 이해하다 보니, 진리를 안다는 것은 이미 결정되어 있는 맞는 것 혹은 옳은 것에 구속당하는 것이다. 거기에서 한 발자국이라도 벗어나게 되면 진리에서 멀어져 가는 것이다. 그러나 리쾨르의 해석학에서 진리는 개방성에 있다. 리쾨르의 해석학적 도식 안에서 우리를 얽어 메는 진리의 사슬은 이미 과거의 기억으로만 남아 있다. 설명의 과정을 거치면서 확인할 수 있는 역사적 고리들을 전부 복원시키고 나서도 여전히 텍스트의 의미는 완전히 규정되지 못하고 있는 상태이다. 해석의 과정은 소격화(distanciation)를 통해서 과거의 사실과 실제적인 대응 관계를 더 이상 맺을 수 없는 텍스트가 오늘의 세계 속에서 그 의미를 찾아내는 것이다. 해석자가 텍스트가 텍스트 밖의 세상과 어떤 관련이 있느냐를 알고 싶으면, 원래 텍스트가 형성 되었던 세계가 아니고, 지금 텍스트를 읽고 있는 독자의 세계로 관심을 옮겨야 한다.

특히 성서의 진리에 대해서 생각해 볼 때, 리쾨르는 우리에게 매우 중요한 점을 가르쳐 준다. 성서가 진리를 표현하는 방식이 과학적 명제가 진리를 표현하는 방식과 유사하다면, 진리 대응론이 유용한 진리관이 될 수 있고, 명제와 그 명제가 지시하는 실재(그것이 경험적 실재든 신적인 실재든) 간의 대응 관계를 통해 진리가 규정되고, 그런 진리의 의미는 단 한 가지밖에 없을 것이다. 그리고 성서를 문자적으로 해석하는 것이 진리에 도달할 수 있는 길일 것이다. 그러나 성서의 진리가 명제로 구성되어 있는지 우리는 질문을 해야 한다. 성서에 대한 신조나 교리는 명제로 표현된다. 예를 들어 사도신경이나 웨스트민스터 신앙고백, 혹은 칼빈의 기독교 강요도 명제로 표현이 되고, 또 명제간의 논리적인 정합 관계도 유지된다. 그러나 성서의 진리가 이와 같은 명제 형식으로 잘 표현될 수 있는가?

성서의 진리를 구성하는 단위가 인간과 하나님의 행동, 사건 등이고 이 다양한 것을 하나의 의미 있는 통일체로 묶는 것은 논리적 관계가 아니고 이야기 구성(emplotment)이라는 것을 인정한다면, 우리는 성서의 진리는 바로 성서의 이야기를 해석함으로 발견하게 되는 의미라고 말할 수 있다. 이렇게 생각해볼 때 성서의 진리는 문자 자체에 고정되어 있는 것이 아니고, 문자와 문자가, 그리고 문자와 독자의 세계가 상호 관계를 맺는 방식을 통해 드러나게 된다. 어떤 의미에서 성서를 해석하는 사람들은 모두 똑같은 악보를 갖고 연주하는 연주자들이라고 생각해볼 수 있다. 악보를 무시하고 진행되는 연주는 분명히 잘못된 연주이지만, 악보에 충실하면서도 아주 다양한 연주가 가능하다. 다양하면서 아름다운 연주가 많이 나올수록 그 음악의 진리는 더 깊어진다.

하나님의 진리는 절대적이고, 불변한다는 생각은 기독교인들에게는 필수적인 신앙의 내용일 것이다. 그러나 인간의 진리는 필연적으로 변하고, 제한적이고, 상대적이다. 우리가 종종 고집스럽게 수호하려고 하는 진리는, 하나님의 진리가 아니고 우리의 진리일 수 있다.

비단 성서 뿐 아니고 인류가 해석해야 하는 모든 텍스트의 진리는 이와 유사한 성격을 가진다. 해석의 과정은(진리를 찾기 위한 과정은) 엄정한 비판 정신으로 오류를 제거하기 위해 처절한 노력을 하는 진지한 설명의 단계를 거치게 된다. 그러나 규범적 의미(ideal meaning)의 범위 안에서는 자유롭고, 엉뚱하고, 파격적일 권리와 의무가 있다. 이렇게 찾아진 진리는 다양하지만 진리가 여럿인 것은 아니다. 그런 의미에서 이 입장은 다원주의와는 다르다. 그보다는 진리의 다면성(the multifacetedness of truth)을 인정하는 입장이라고 규정할 수 있다.

"진리가 무엇이냐"라는 질문은 하나의 수사학적 질문이고 그 답도 수사학적으로 해야 할 것 같다. 진리에 대한 심각한 질문은 "그 텍스트의 진리가 무엇이냐?" "그 이야기의 진리가 무엇이냐?"라는 식으로 던져져야 한다. 진리는 직접적으로 물어서 답을 얻을 수 있는 것이 아니고, 해석을 통해 의미를 찾는 과정 중에 발견되고 경험되는 것이다.

참고문헌

Aaron, David. *Biblical Ambiguities : Metaphor, Semantics and Divine Imagery*. Brill Academic Publishers, 2001.

Aesop. *Aesop''s Fables*. Internet on-line. Available from http://www.aesopsfable.com. Accessed on April 1, 2001.

Aichele, George, Jr. *The Limits of Story*. Philadelphia, PA.: Fortress Press ; Chico, Calif. : Scholars Press, 1985.

Airhart, Phyllis. *Doing Ethics in a Pluralistic World : Essays in Honour of Roger C*. Hutchinson. Wilfrid Laurier University Press, 2002.

Aldama, Frederick Luis. *Why the Humanities Matter : A Commonsense Approach*. University of Texas Press, 2008

Allen, Barry. *Artifice and Design : Art and Technology in Human Experience*. Cornell University Press, 2008.

Anderson, Pamela Sue. *Philosophy and Theology : Kant and Theology*. Continuum International Publishing, 2010

Appelbaum, Robert. *Literature and Utopian Politics in Seventeenth-Century England*. Cambridge University Press, 2002.

Aristotle. *The Basic Works of Aristotle. Edited by R.McKeon*. New York: Random House, 1941.

Austin, J. L. *How to Do Things with Words*. New York: Oxford University Press, 1965.

Ayer, A. J. *Language Truth and Logic*. London: Victor Gollanz, 1946.

Ballantyne, Glenda. *Creativity and Ccritique : Subjectivity and Agency in Touraine and Ricoeur*. Leiden ; Boston: Brill, 2007.

Ballantyne, Glenda. *Social and Critical Theory, Volume 4 : Creativity and Critique : Subjectivity and Agency in Touraine and Ricoeur*. Brill Academic Publishers, 2007.

Bayned, K, J. Bohman, and T. McCarthy, eds. *After Philosophy: End or Transformation?* Cambridge, MA: MIT Press, 1987.

Berlin, Adele. *Poetics and Interpretation of Biblical Narrative*. Sheffield: Almond Press, 1983.

Bloechl, Jeffrey. *Religious Experience and the End of Metaphysics*. MIT Press, 2009.

Blundell, Boyd. *Paul Ricoeur between Theology and Philosophy : Detour and Return*. Bloomington, Ind.: Indiana University Press, 2010.

Blundell, Boyd. *Paul Ricoeur Between Theology and Philosophy : Detour and Return*. Brill Academic Publishers, 2001.

Boersema, David. *Pragmatism and Reference*. MIT Press, 2008.

Botta, Alejandro F. *Bible and the Hermeneutics of Liberation*. Brill Academic Publishers, 2009.

Bowald, Mark Alan. *Rendering the Word in Theological Hermeneutics*. Ashgate Publishing Group, 2006.

Boynton, Eric. *Saintly Influence : Edith Wyschogrod and the Possibilities of Philosophy of Religion*. Fordham University Press, 2005.

Bradley, Arthur. *Continuum Studies in Religion and Political Culture : Politics to Come : Power, Modernity, and the Messianic*. Continuum International Publishing, 2010.

Breech, James. *Jesus and Postmodernism*. Minneapolis: Fortress Press, 1989.

Brock, Rita Nakashima. *Journeys by Heart*. New York: Crossroad, 1988.

Brockelman, Thomas. *Zizek and Heidegger*. Continuum International Publishing, 2008.

Brown, Delwin. *Converging on Culture : Theologians in Dialogue with Cultural Analysis and Criticism.* American Academy of Religion, 2001.

Brueggemann, Walter. *Finally Comes the Poet : Daring Speech for Proclamation.* Minneapolis: Fortress Press, 1989.

Buckner, S. Clark. *Styles of Piety : Practicing Philosophy after the Death of God.* Society of Biblical Literature, 2009.

Burkhardt, Armin. *Tropical Truth(s) : The Epistemology of Metaphor and other Tropes.* Society of Biblical Literature, 2007.

Certeau, Michel. *The Practice of Everyday Life.* Berkeley: University of California Press, 1984.

Chatman, Seymour Benjamin. *Coming to Terms: the Rhetoric of Narrative in Fiction and Film.* Ithaca, N.Y.: Cornell University Press, 1990.

_______. *Story and Discourse : Narrative Structure in Fiction and Film.* Ithaca, N.Y. : Cornell University Press, 1978.

Ching, Julia. *Probing China's Soul: Religion, Politics, and Protest in the People's Republic.* San Francisco: Harper & Row, 1990.

Christ, Carol. *Diving Deep and Surfacing: Women Writers on Spiritual Quest.* Boston : Beacon Press, 1980.

Chung, Hyun-Kyung. *Struggle to Be the Sun Again: Introduction Asian Women's Theology.* Maryknoll, New York: Orbis Books, 1990.

Clark S.H. *Paul Ricoeur.* New York: Routledge, 1990.

Clark, Elizabeth A.. *History, Theory, Text : Historians and the Linguistic Turn.* Harvard University Press, 2004.

Clark, Maudemarie. *Nietzsche on Truth and Philosophy.* Cambridge: Cambridge University Press, 1990.

Cobb, John, Jr. *Doubting Thomas - Christology in Story Form.* New York, NY: Crossroad, 1990.

Copleston, Frederick S.J. *A History of Philosophy*. Vol. VII, Fichte to Nietzsche. London: Burns and Oates Limited, 1965.

Corfield, Penelope J. *Time and the Shape of History*. Brill Academic Publishers, 2007.

Crenshaw, James L. *Defending God : Biblical Responses to the Problem of Evil*. Stanford University Press, 2009.

Crossan, John Dominic. *In Parables : The Challenge of the Historical Jesus*. New York: Harper & Row, 1973.

_______. *The Dark Interval: Towards a Theology of Story*. California: Polebridge Press, 1988.

Dauenhauer, Bernard P. *Paul Ricoeur : The Promise and Risk of Politics*. Lanham: Rowman & Littlefield Publishers, 1998.

Davidson, Scott. *Ricoeur Across the Disciplines*. Society of Biblical Literature, 2007.

Davis, Colin. *Critical Excess : Overreading in Derrida, Deleuze, Levinas, Žižek and Cavell*. Stanford University Press, 2010.

De Nys, Martin J. *Considering Transcendence : Elements of a Philosophical Theology*. Brill Academic Publishers, 2007.

de Vries, Hent. *Religion and Violence : Philosophical Perspectives from Kant to Derrida*. University of Texas Press, 2002.

Dearborn, Kerry. *Baptised Imagination : The Theology of George MacDonald*. Ashgate Publishing Group, 2006.

DeRoo, Neal. *Phenomenology and Eschatology*. Brill Academic Publishers, 2007.

Dicenso, James. *Hermeneutics and the Disclosure of Truth: A Study in the Work of Heidegger, Gadamer, and Ricoeur*. Charlottesville: University Press of Virginia, 1990.

Dillistone, Frederick William. *The Power of Symbols in Religion and Culture*.

New York: Crossroad, 1986.

Donahue, John R. *The Gospel in Parable: Metaphor, Narrative, and Theology in the Synoptic Gospels*. Philadelphia : Fortress Press, 1988.

Dowling, William C. *Ricoeur on Time and Narrative : An Introduction to Temps et Récit*. Notre Dame, Ind.: University of Notre Dame Press, 2011.

Duffy, Maria. *Paul Ricoeur's Pedagogy of Pardon : A Narrative Theory of Memory and Forgetting*. Oxford University Press, 2001.

Dulles, Avery. *Models of Revelation*. Garden City, N.Y.: Doubleday, 1983.

Ellingsen, Mark. *The Integrity of Biblical Narrative: Story in Theology and Proclamation*. Minneapolis: Fortress Press, 1990.

Erfani, Farhang. *Aesthetics of Autonomy : Ricoeur and Sartre on Emancipation, Authenticity, and Selfhood*. Lanham, Md.: Lexington Books, 2011.

Evers, Dirk. *Issues in Science and Theology : How Do We Know? : Understanding in Science and Theology*. Continuum International Publishing, 2010.

Fackre, Gabriel. *The Christian Story: A Narrative Interpretation of Basic Christian Doctrine*. Grand Rapids: Eerdmans Publishing Company, 1984.

Fairfield, Paul. *Education, Dialogue and Hermeneutics*. University of Georgia Press, 2010.

Ferretter, Luke. *Towards a Christian Literary Theory*. Brill Academic Publishers, 2009.

Feyerabend, Paul. *Against Method – Outline of an Anarchic Theory of Knowledge*. Atlantic Highlands, N.J.: Humanities Press, 1975.

Foder, James. *Christian Hermeneutics: Paul Ricoeur and the Refiguring of Theology*. Oxford: Clarendon Press; New York: Oxford University Press, 1995.

Ford, David, ed. *The Modern Theologians – An Introduction to Christian Theology in the Twentieth Century*. Oxford: Basil Blackwell, 1989.

Frei, Hans W. *The Eclipse of the Biblical Narrative: A Study in Eighteenth and Nineteenth Century Hermeneutics*. New Haven: Yale University Press, 1974.

_______. *The Identity of Jesus Christ: The Hermeneutical Bases of Dogmatic Theology*. Philadelphia: Fortress, 1974.

Funk, Robert Walter. *The Poetics of Biblical Narrative*. Sonoma, California: Polebridge Press, 1988.

Gadamer, Hans-Georg. *Truth and Method. Translated by Garrett Barden and John Cumming*. New York: Seabury, 1975.

Garber, Daniel. *What Happens After Pascal's Wager : Living Faith and Rational Belief*. Fordham University Press, 2004.

Genette, Gerard. *Narrative Discourse: An Essay in Method*. Ithaca, N.Y.: Cornell University Press, 1980.

Gerhart, Mary. *The Question of Belief in Literary Criticism: The Hermeneutical Theory of Paul Ricoeur*. Stuttgart: Akademisher Verlag Hans-Dieter Heinz, 1979.

Gerkin, Charles V. *The Living Human Document: Re-Visioning Pastoral Counseling in a Hermeneutical Mode*. Nashville: Abingdon Press, 1984.

Girard, Rene. *Christianity, Truth, and Weakening Faith : A Dialogue*. Indiana University Press, 2003.

Go, Julian. *American Empire and the Politics of Meaning*. Duke University Press, 2008.

Goldberg, Michael. *Theology and Narrative: A Critical Introduction*. Nashville: Abingdon, 1982.

Grondin, Jean. *Philosophy of Gadamer*. Acumen, 2003.

Groome, Thomas. *Christian Education: Sharing Our Story and Vision*. New York: Harper & Row, 1980.

Grover, Dorothy. *A Prosentential Theory of Truth*. Princeton: Princeton University

Press, 1992.

Hahn, Lewis Edwin, ed. *The Philosophy of Paul Ricoeur*. Chicago, Il: Open Court, 1995.

Hale, Geoffrey A. *Kierkegaard and the Ends of Language*. University of Minnesota Press, 2002.

Happel, Stephen. *Metaphors for God's Time in Science and Religion*. Palgrave Macmillan, 2002.

Harlaftis, Gelina. *New Ways of History : Developments in Historiography*. I.B. Tauris, 2010.

Hart, Kevin. *Experience of God : A Postmodern Response*. Fordham University Press, 2005.

Hauerwas, Stanley. *Character and the Christian Life: A Study in Theological Ethics.* San Antonio, TX: Trinity University Press, 1975.

Hauerwas, Stanley, ed. *Theology Without Foundations: Religious Practice and the Future of Theological Truth*. Nashville : Abingdon Press, 1994.

Hauerwas, Stanley and Gregory Jones eds. *Why Narrative?: Readings in Narrative Theology*. Grand Rapids, Michigan: William B. Eerdmans, 1989.

Hedley, Douglas. *Living Forms of the Imagination*. Continuum International Publishing, 2008.

Heidegger, Martin. *Being and Time. Translated by John Macquarrie and Edward Robinson*. New York: Harper and Row, 1962.

Heiden, Gerrit Jan van der. *The Truth (and Untruth) of Language : Heidegger, Ricoeur, and Derrida on Disclosure and Displacement*. Pittsburgh, Pa.: Duquesne University Press, 2010.

Heinen, Sandra. *Narratologia : Narratology in the Age of Cross-Disciplinary Narrative Research* . Cornell University Press, 2010.

Hite, Molly. *The Other Side of the Story - Structures and Strategies of Contemporary*

Feminist Narratives. Ithaca: Cornell University Press, 1989.

Hoy, Terry. Praxis, *Truth, and Liberation: Essays on Gadamer, Taylor, Polanyi, Harbermas, Gutierrez, and Ricoeur*. Lanham, MD: University Press of America, 1988.

Huskey, Rebecca Kathleen. *Paul Ricoeur on Hope : Expecting the Good*. New York: Peter Lang, 2009.

Ihde, D. *Hermeneutic Phenomenology: The Philosophy of Paul Ricoeur*. Evanston: Northwestern University Press, 1971.

James, William. *Pragmatism: A New Name for Some Old Ways of Thinking*. New York: Longman Green and Co, 1907.

Jeanrond, Werner G. Text and Interpretation as Categories of Theological Thinking. Translated by Thomas J. Wilson. New York: Crossroad, 1988.

_______. *Theological Hermeneutics: Development and Significance*. New York: Crossroad, 1991.

Jensen, Richard. *Telling the Story : Variety and Imagination in Preaching*. Minneapolis: Augsburg Pub. House, 1980.

Junker-Kenny, Maureen and Peter P. Kenny. *Memory, Narrativity, Self and the Challenge to Think God : The Reception within Theology of the Recent Work of Paul Ricoeur*. Münster: LIT., 2004.

Kaplan, David M. *Reading Ricoeur*. Albany: State University of New York Press, 2008.

Kearney, Richard. *God Who May Be : A Hermeneutics of Religion*. Indiana University Press, 2010.

______. *On Paul Ricoeur : The Owl of Minerva. Transcending Boundaries in Philosophy and Theology*. Aldershot, Hants, England ; Burlington, VT: Ashgate Pub., 2004.

Kelber, Werner. *The Oral and Written Gospel: The Hermeneutics of Speaking and*

Writing in the Synoptic Tradition, Mark, Paul and Q. Philadelphia: Fortress Press, 1983.

Kemp, Peter L and David Rasmussen eds. *The Narrative Path: The Later Works of Paul Ricoeur*. Cambridge, Mass: The MIT Press, 1989.

Kermode, J. Frank. *The Sense of an Ending: Studies in the Theory of Fiction*. London ; New York : Oxford University Press, 1967.

Kirk, J. Andrew. *Future of Reason, Science and Faith : Following Modernity and Postmodernity*. Ashgate Publishing Group, 2007.

Kirkham, Richard L. *Theories of Truth: A Critical Introduction*. Cambridge, MA: The MIT Press, 1992.

Kliever, Lonnie D. *The Shattered Spectrum - A Survey of Contemporary Theology*. Atlanta: John Knox Press, 1981.

Kling, David William. *Bible in History : How the Texts Have Changed the Times*. Oxford University Press, 2004.

Knohl, Israel. *Divine Symphony : The Bible's Many Voices*. Jewish Publication Society, 2003.

Kort, Wesley. *Narrative Elements and Religious Meaning*. Philadelphia: Fortress Press, 1975.

Krasner, David. *Staging Philosophy : Intersections of Theater, Performance, and Philosophy*. University of Michigan Press, 2006.

Kuhn, Thomas. *The Structure of Scientific Revolution*. Chicago: University of Chicago Press, 1970.

Lacocque, André and Paul Ricœur. *Thinking Biblically : Exegetical and Hermeneutical Studies*. Chicago: University of Chicago Press, 1998.

Lakoff, George and Mark Johnson. *Metaphors We Live By*. Chicago : University of Chicago Press, 1980.

Lindbeck, George A. *The Nature of Doctrine*. Philadelphia: Westminster Press, 1984.

Lonergan, Bernard. *Method in Theology*. Toronto: University of Toronto Press, 1971.

Lopez, Donald S., ed. *Buddhist Hermeneutics*. Honolulu: University of Hawaii Press, 1988.

Lowe, Walter James. *Mystery and Unconscious: A Study in the Thought of Paul Ricoeur*. Metuchen, NJ: Scarecrow Press, 1977.

Lucie-Smith, Alexander. *Narrative Theology and Moral Theology : The Infinite Horizon*. Ashgate Publishing Group, 2007.

Mack, Burton L. *Rhetoric and the New Testament*. Minneapolis: Fortress Press, 1990.

Mann, Molly Harkirat. *Ricoeur, Rawls, and Capability Justice : Civic Phronesis and Equality*. New York: Continuum, 2012.

Manoussakis, John-Panteleimon. *After God : Richard Kearney and the Religious Turn in Continental Philosophy*. Brill Academic Publishers, 2007.

Marks, Darren C. *Shaping a Global Theological Mind*. Ashgate Publishing Group, 2008.

Maynes, Mary Jo. *Telling Stories : The Use of Personal Narratives in the Social Sciences and History*. Cornell University Press, 2008.

McAdams, Dan. *The Stories We Live By: Personal Myths and the Making of the Self*. New York, N.Y.: William Morrow, 1993.

McCarthy, Joan. *Dennett and Ricoeur on the Narrative Self*. Amherst, NY: Humanity Books, 2007.

McClendon, James William. *Biography as Theology: How Life Stories Can Remake Today's Theology*. Nashville: Abingdon Press, 1974.

______. *Ethics: Systematic Theology*. Nashville: Abingdon Press, 1986.

McFague, Sallie. *Models of God*. Philadelphia: Fortress Press, 1987.

McFague, Sallie. *Speaking in Parables: a Study in Metaphor and Theology*. Philadelphia : Fortress Press, 1975.

McKnight, Edgar V. *Post-Modern Use of the Bible - The Emergence of Reader-Oriented Criticism*. Nashville: Abingdon Press, 1988.

McPartland, Thomas J. *Lonergan and Historiography: : The Epistemological Philosophy of History*. University of Missouri Press, 2010.

______. *Lonergan and the Philosophy of Historical Existence*. University of Missouri Press, 2001.

Misztal, Barbara A. *Theories of Social Remembering*. McGraw-Hill Education, 2003.

Moore, Andrew. *Realism and Religion : Philosophical and Theological Perspectives*. Equinox Publishing Ltd, 2007.

Mootz, Francis J. and George H. Taylor. *Gadamer and Ricoeur : Critical Horizons for Contemporary Hermeneutics*. London ; New York: Continuum, 2011.

Muller, Cornelia. *Metaphors Dead and Alive, Sleeping and Waking : A Dynamic View*. Society of Biblical Literature, 2008.

Nakamura, Hajime. *Ways of Thinking of Eastern Peoples - India, China, Tibet, Japan*. Honolulu: The University Press of Hawaii, 1964.

Nash, Cristopher ed. *Narrative in Culture: the Uses of Storytelling in the Sciences, Philosophy, and Literature*. London ; New York : Routledge, 1994.

Navone, John J. *Gospel Love: a Narrative Theology*. Wilmington, Del. : M. Glazier, 1984.

Navone, John, and Thomas Cooper. *Seeking God in Story*. Collegeville, Minnesota: The Liturgical Press, 1990.

Navone, John, and Thomas Cooper. *Tellers of the Word*. New York : Le Jacq, 1981.

Nelson, Paul. *Narrative and Morality : a Theological Inquiry*. University Park: Pennsylvania State University Press, 1987.

Nicholson, Graeme. *Illustrations of Being – Drawing Upon Heidegger and Upon Metaphysics*. New Jersey: Humanities Press, 1992.

O'Day, Gail R. *Revelation in the Fourth Gospel: Narrative Mode and Theological Claim*. Philadelphia : Fortress Press, 1986.

Ong, Walter. *Orality and Literacy : The Technologizing of the Word*. London; New York: Methuen, 1982.

Ortiz, Gaye Williams. *Theology and Literature : Rethinking Reader Responsibility*. Palgrave Macmillan, 2006.

Paddison, Angus. *Scripture : A Very Theological Proposal*. Brill Academic Publishers, 2009.

Paddison, Max. *Contemporary Music : Theoretical and Philosophical Perspectives*. Ashgate Publishing Group, 2010.

Palmer, Richard E. *Hermeneutics: Interpretation Theory in Schleiermacher, Dilthey, Heidegger, and Gadamer*. Evanston: Northwestern University Press, 1969.

Pellauer, David. *Ricoeur : A Guide for the Perplexed*. London ; New York: Continuum, 2007.

Perkins, Pheme. *Hearing the Parables of Jesus*. New York, N.Y.: Paulist Press, 1981.

Perrin, Norman. *Jesus and the Language of the Kingdom*. Philadelphia: Fortress Press, 1976.

Phelan, James. *Nature of Narrative (40th Edition)*. Oxford University Press, 2006.

Piercey, Robert. *Crisis in Continental Philosophy : History, Truth and the Hegelian Legacy*. Continuum International Publishing, 2009.

Pirovolakis, Eftichis. *Reading Derrida and Ricoeur : Improbable Encounters between Deconstruction and Hermeneutics*. Albany: State University of New York Press, 2010.

Placher, William C. *Narratives of a Vulnerable God - Christ, Theology, and Scripture*. Louisville, KY: Westminster; John Knox Press, 1994.

______. *Unapologetic Theology - A Christian Voice in a Pluralistic Conversation*.

Louisville, KY.: Westminster/John Knox Press, 1989.

Popper, Karl. *Conjectures and Refutations: The Growth of Scientific Knowledge*. New York: Basic Books, 46.

Powell, Mark Allen. *What Is Narrative Criticism?* Minneapolis: Fortress Press, 1990.

Prandi, Michele. *Building Blocks of Meaning : Ideas for a Philosophical Grammar*. John Benjamins Publishing Company, 2004.

Reagan, Charles E. ed. *Studies in the Philosophy of Paul Ricoeur*. Athens, Ohio: Ohio University Press, 1979.

Rhoads, David M. Joanna Dewey, and Donald Michie. *Mark as Story : an Introduction to the Narrative of a Gospel*. Minneapolis, MN: Fortress Press, 1999.

Ricoeur, Paul. "Biblical Hermeneutics." *Semeia - An Experimental Journal for Biblical Criticism*. no. 4 (1975): 27-148.

______. *A Ricoeur Reader: Reflection and Imagination*. Edited by Mario J. Valdes. Toronto: University of Toronto Press, 1991.

______. *Essays on Biblical Interpretation*. Edited by Lewis Mudge. Philadelphia: Fortress Press, 1980.

______. *Figuring the Sacred : Religion, Narrative, and Imagination*. Edited by Mark I. Wallace. Minneapolis: Fortress Press, 1995.

______. *Freud and Philosophy: An Essay on Interpretation*. Translated by D.Savage. New Haven : Yale University Press, 1970.

______. *From Text to Action*. Rodopi, 2006.

______. *Hermeneutics and the Human Sciences: Essays on Language, Action and Interpretation*. Edited by John B. Thompson. Cambridge: Cambridge University Press, 1981.

______. *Interpretation Theory: Discourse and the Surplus of Meaning*. Fort Worth: Texan Christian University Press, 1976.

______. *Living up to Death*. University of Chicago Press, 2009.

______. *Memory, History, Forgetting* . Oxford University Press, 2005.

______. *Oneself as Another*. Translated by Kathleen Blamey. Chicago: University of Chicago Press, 1992.

______. *Politics and Social Essays*. Edited by D. Stewart and J. Bien. Athens: Ohio University Press, 1974.

______. *The Conflict of Interpretation: Essays in Hermeneutics*. Edited by Don Ihde. Translated by Kathleen McLaughlin and others. Evanston: Northwestern University Press, 1974.

______. *The Philosophy of Paul Ricoeur: An Anthology of His Work*. Edited by Charles E. Reagan and David Stewart. Boston: Beason Press, 1978.

______. *The Rule of Metaphor: Multi-Disciplinary Studies of the Creation of Meaning in Language*. Translated by R. Czerny, K. McLaughlin and Costello. London: Routledge & Kegan Paul, 1978.

______. *The Symbolism of Evil*. Boston: Beacon Press, 1969.

______. *Time and Narrative*. 3 vols. Translated by K. McLaughlin and D. Pellauer. Chicago: University of Chicago Press, 1984-1988.

Ritivoi, Andreea Deciu. *Paul Ricoeur : Tradition and Innovation in Rhetorical Theory*. Albany: State University of New York Press, 2006.

Robbins, Jeffrey W.. *In Search of a Non-Dogmatic Theology*. The Davies Group, Publishers, 2004.

Rorty, Richard, ed. *The Linguistic Turn: Recent Essays in Philosophical Method*. Chicago: University of Chicago Press, 1967.

Ross, Nancy Wilson. *Buddhism - A Way of Life and Thought*. New York: Vintage Books, 1980.

Roth, Robert P. *Story and Reality*. Grand Rapids: Eerdmans, 1973.

Sawyer, Deborah. *Reading Spiritualities : Constructing and Representing the Sacred*.

Ashgate Publishing Group, 2008.

Scheub, Harold. *Poem in the Story : Music, Poetry, and the Narrative*. University of Wisconsin Press, 2002.

Schneiders, Sandra M. *The Revelatory Text - Interpreting the New Testament As Sacred Scripture*. Harper: San Francisco, 1991.

Scott-Baumann, Alison. *Continuum Studies in Continental Philosophy : Ricoeur and the Hermeneutics of Suspicion* . Society of Biblical Literature, 2009.

Scruton, Roger. *Understanding Music : Philosophy and Interpretation.* Continuum International Publishing, 2009.

Segovia, Fernando F. *Postcolonial Biblical Criticism : Interdisciplinary Intersections.* Continuum International Publishing, 2006.

Sewell, William H. *Logics of History : Social Theory and Social Transformation.* University of Chicago Press, 2005.

Shea, John. *Stories of God*. Chicago: Thomas More Press, 1978.

Sheehan, Paul. *Modernism, Narrative and Humanism.* Cambridge University Press, 2002.

Sheerin, Declan. *Deleuze and Ricoeur : Disavowed Affinities and the Narrative Self.* London ; New York: Continuum, 2009.

Siebers, Tobin. *Moral and Stories*. New York : Columbia University Press, 1992.

Simms, Karl. *Paul Rcoeur*. London New York: Routledge, 2003.

______. *Ricoeur and Lacan*. London ; New York: Continuum, 2007.

Song, C.S. *The Believing Heart : an Invitation to Story Theology*. Minneapolis, MN: Fortress Press, 1999.

______. *Third-Eye Theology: Theology in Formation in Asian Settings.* 2nd ed. Maryknoll, New York: Orbis Books, 1991.

Sönser Breen, Margaret. *At the Interface/Probing the Boundaries, Volume 23 : Minding Evil : Explorations of Human Iniquity*. Rodopi, 2005.

Soskice, Janet Martin. *Kindness of God : Metaphor, Gender, and Religious Language*. Oxford University Press, 2007.

Spence, Donald P. *Narrative Truth and Historical Truth: Meaning and Interpretation in Psychoanalysis*. New York: W.W. Norton, 1982.

Stanley Hauerwas, Richard Bondi, and D. Burrell. *Truthfulness and Tragedy Further Investigations in Christian Ethics*. Notre Dame, Indiana: University of Notre Dame Press, 1977.

Stegner, William R. *Narrative Theology in Early Jewish Christianity*. Louisville: Westminster Press, 1989.

Sternberg, Meir. *The Poetics of Biblical Narrative: Ideological Literature and the Drama of Reading*. Bloomington : Indiana University Press, 1985.

Stiver, Dan R. *Theology After Ricoeur : New Directions in Hermeneutical Theology*. Louisville: Westminister John Knox Press, 2001.

Stroup, George W. *The Promise of Narrative Theology: Recovering the Gospel in the Church*. Atlanta: John Knox Press, 1981.

Taylor, Mark C. *After God*. University of Chicago Press, 2007.

Teevan, Donna. *Lonergan, Hermeneutics and Theological Method*. Brill Academic Publishers, 2010.

Terdiman, Richard. *Body and Story - The Ethics and Practice of Theoretical Conflict*. Johns Hopkins University Press, 2007.

Thacker, Justin. *Postmodernism and the Ethics of Theological Knowledge*. Ashgate Publishing Group, 2008.

Thatcher, Tom. *Anatomies of Narrative Criticism : The Past, Present, and Futures of the Fourth Gospel As Literature*. Society of Biblical Literature, 2008.

Thiselton, Anthony C. *New Horizons in Hermeneutics*. Grand Rapids, Mich.: Zondervan Pub. House, 1992.

Thompson, John B. *Critical Hermeneutics: A Survey in the Thought of Paul Ricoeur and Juergen Harbermas*. Cambridge: Cambridge University Press, 1990.

Tilley, Terrence W. *Story Theology*. Wilmington, Del. : M. Glazier, 1985.

Topping, Richard R. *Revelation Scripture and Church : Theological Hermeneutic Thought of James Barr Paul Ricoeur and Hans Frei*. Fordham University Press, 2009.

Tracy, David. "Theological Method." *In Christian Theology – An Introduction to Its Traditions and Tasks*, eds. Peter C. Hodge and Robert H. King, 35-60, Philadelphia: Fortress Press, 1985.

Treanor, Brian. *Passion for the Possible : Thinking with Paul Ricoeur*. Continuum International Publishing, 2010.

Uggla, Bengt Kristensson. *Ricoeur, Hermeneutics, and Globalization*. London ; New York: Continuum, 2010.

Uitz, Renáta. *Constitutions, Courts, and History : Historical Narratives in Constitutional Adjudication*. Central European University Press, 2005.

Urban, Wilbur Marshall. *Language and Reality: the Philosophy of Language and the Principles of Symbolism*. London : George Allen & Unwin ; New York : Macmillan, 1961.

Van Beeck, Franz Joseph. *Christ Proclaimed: Christology as Rhetoric*. New York : Paulist Press, 1979.

Vandevelde, Pol. *Issues in Interpretation Theory*. Indiana University Press, 2005.

Vanhoozer, Kevin J. *Biblical Narrative in the Philosophy of Paul Ricoeur: A Study in Hermeneutics and Theology*. Cambridge: Cambridge University Press, 1990.

______. *Hermeneutics at the Crossroads*. Cambridge University Press, 2004.

______. *Transcending Boundaries in Philosophy and Theology : Reason, Meaning and Experience*. Brill Academic Publishers, 2010.

Verdiccio, Massimo. *Between Philosophy and Poetry : Writing, Rhythm, History*.

Continuum International Publishing, 2002.
Versenyi, Laszlo. *Heidegger, Being, and Truth*. New Haven and London: Yale University Press, 1965.
Vilhauer, Monica. *Gadamer's Ethics of Play : Hermeneutics and the Other*. Walter de Gruyter, 2010.
Village, Andrew. *Bible and Lay People : An Empirical Approach to Ordinary Hermeneutics*. Ashgate Publishing Group, 2007.
Wachterhauser, Brice R. ed. *Hermeneutics and Truth*. Evanston, IL: Northwestern University Press, 1994.
Wallace, Mark I. *The Second Naivete: Barth, Ricoeur, and the New Yale Theology*. Macon, GA: Mercer University Press, 1990.
Wannenwetsch, Bernd. *Who Am I? : Bonhoeffer's Theology Through His Poetry*. Continuum International Publishing, 2009.
Wertsch, James V. *Voices of Collective Remembering*. Cambridge University Press, 2002.
Wicker, Brian. *Story-Shaped World: Fiction and Metaphysics: Some Variations on a Theme*. Notre Dame, IN: University of Notre Dame Press, 1975.
Wilder, Amos. *The Bible and the Literary Critic*. Minneapolis: Fortress Press, 1991.
______. *Theopoetic: Theology and Religious Imagination*. Philadelphia: Fortress Press, 1976.
Williams, David M. *Receiving the Bible in Faith : Historical and Theological Exegesis*. Fordham University Press, 2005.
Wood, David, ed. *On Paul Ricoeur: Narrative and Interpretation*. New York: Routledge, 1991.
Wood, Donald. *Barth's Theology of Interpretation*. Walter de Gruyter, 2010.
Yandell, Keith E. *Faith and Narrative*. Catholic University of America Press, 2005.

김문환, 『예술과 윤리의식』, 소학사, 2003.

김상환, 『예술가들 위한 형이상학: 해체론 시대의 철학과 문화』, 민음사, 1999.

김선하, 『리쾨르의 주체와 이야기』, 한국학술정보, 2007

문장수, 『의미와 진리』, 경북대학교출판부, 2004.

여훈근, 『논리철학』, 고려대학교출판부, 2000.

여훈근외, 『논리와 진리』, 철학과 현실사, 1996.

원만희, 『진리, 의미 그리고 합리성』, 철학과 현실사, 2004.

윤성우, 『폴 리쾨르의 이야기 해석학』, 2007.

______, 『폴 리쾨르의 철학』, 철학과 현실사, 2004.

윤철호, 『기독교 인식론과 해석학』, 한국장로교출판사, 1998.

______, 『신뢰와 의혹 – 통전적인 탈근대적 기독교 해석학』, 대한기독교서회, 2007.

이윤일, 『의미, 진리와 세계』, 자유사상사, 1991.

정기철, 『상징, 은유, 그리고 이야기』, 문예출판사, 2002.

정재현, 『자유가 너희를 진리케 하리라』, 한울, 2006.